Von Mutti Hiltrud für
25.12.98



Helen und Scott Nearing

# Ein gutes Leben leben

Helen und Scott Nearing

# Fortführung des guten Lebens

Die nächsten Jahre in Maine 1952 – 1979

pala verlag

Die Originalausgabe dieses Buches ist unter dem Titel

**Continuing the Good Life**

1979 bei Schocken Books Inc., New York erschienen.

Eine Neuauflage von **Living the Good Life** in einem gemeinsamen Band mit **Continuing the Good Life** erschien 1989 unter dem Titel **The Good Life** bei Schocken Books Inc., New York.
Diesem Band ist das Vorwort von Helen Nearing entnommen.


ISBN: 3-89566-116-3

pala-verlag, Rheinstr. 37, D-64283 Darmstadt
Übersetzung: Ronald Steinmeyer
Überarbeitung: Ute Galter
Titelfoto: Lotte Jacobi
Druck: Fuldaer Verlagsanstalt, Fulda
Printed in Germany


Dieses Buch (Innenteil und Umschlag) ist
auf Papier aus 100 % Recyclingmaterial gedruckt

# Inhalt

# Vorwort zur amerikanischen Neuauflage 1989

Ein gutes Leben zu leben, ist seit Jahrhunderten das Ziel von Millionen von Menschen. Wir (Helen und Scott) nahmen an diesem gemeinsamen Bemühen in der letzten Hälfte dieses zwanzigsten Jahrhunderts teil. Unser Beitrag war lediglich ein Punkt innerhalb des Gesamten, aber er war ernsthaft gemeint und wurde von uns mit Konsequenz, Freude und gegenseitigem Einverständnis mehr als fünfzig Jahre lang durchgeführt.

Inzwischen ist Scott – im ehrenwerten Alter von einhundert Jahren – weitergegangen, und ich bin zurückgeblieben, um mein eigenes Leben abzurunden und dann selbst auch zu gehen. Noch immer steht unser Haus auf der *Forest Farm* an der Küste von Maine für alle offen, die sehen wollen, daß auch von einer alleinlebenden Frau in ihren Achtzigern noch ein gutes Leben gelebt werden kann.

Am besten ist es, wenn das Projekt des guten Lebens von einem Paar angegangen wird oder von einer Gruppe von Leuten mit ähnlichen Vorstellungen, gemeinsamen Zielen und genügend Fähigkeiten und Ausdauer, um mit der erforderlichen Arbeit fertig zu werden. Denn Arbeit ist es in der Tat, insbesondere für einen alten Menschen wie mich. Aber eine Frau kann alleine produktiv leben, sie kann für sich selbst sorgen, sie kann gärtnern, Holz schleppen und sich um den Haushalt kümmern, sie kann einen Sinn darin sehen und Erfüllung darin finden, in der Natur zu leben, und sie kann ein Leben abrunden, zu dem einst ein außergewöhnlicher Partner gehörte. Lesen Sie seine Autobiographie, *Ein Leben gegen den Strom*, und stimmen Sie mit mir überein, daß Scott von jungen Jahren an bis ins hohe Alter mit seinem Wissen, seiner Tatkraft, seinem Idealismus, seiner Rechtschaffenheit und nicht zuletzt seinem Humor für uns alle ein Vorbild war.

Möge die Suche nach dem guten Leben in den Leben unserer Landsleute weitergehen, wenn wir längst gegangen sind, und mögen unsere Bemühungen, die wir in Gebäude und Bücher gesteckt haben, noch eine Weile Bestand haben und anderen auf ihrem Weg weiterhelfen.

*Helen K. Nearing*
*Harborside, Maine, 2. Juli 1989*

# Vorwort zur deutschen Neuauflage 1997

1995 entschlossen wir uns, die Bücher von Helen und Scott Nearing, die damals zum Teil schon einige Zeit vergriffen waren, neu aufzulegen. Allerdings waren wir unsicher, ob diese Bücher auch jetzt noch ihre Leserschaft finden würden. Anfang der 80er Jahre waren diese Titel in den USA regelrechte Kultbücher gewesen, und auch die im pala-verlag kurze Zeit später erschienenen deutschen Ausgaben waren mit fünfstelligen Auflagenzahlen äußerst erfolgreich. Aber würde nun, fast 15 Jahre später, die Geschichte von zwei alten Menschen auf der Suche nach dem einfachen Leben noch das Interesse finden, das wir uns für unsere Bücher erhoffen und das nötig ist, um das Verlegen der Bücher ökonomisch zu ermöglichen?

Zusammen mit Helen Nearings neuem Buch »Ein gutes Leben – ein würdiger Abschied«, das 1996 erschien und einen zusammenfassenden Überblick über das »gute Leben« von Helen und Scott bietet, begannen wir also mit der Überarbeitung der älteren Bücher der Nearings. Inzwischen sind »Ein gutes Leben leben« und das »Kochbuch des guten Lebens« als Neuauflage erschienen. Zu unserer Freude und Überraschung ist die bisherige Resonanz auf diese Bücher überaus positiv. Offensichtlich finden sie ihr Publikum nicht auch nur bei den »alten« Fans, sondern werden auch von vielen Leserinnen und Lesern jetzt neu entdeckt.

Was ist an den Nearings und ihrem »guten Leben« so faszinierend? Da ist (als der Ältere) zunächst einmal Scott. Schon die Geschichte seines Lebens in den Jahren 1883 bis 1930 würde genügend Stoff für ein Buch oder einen Film liefern. Da er sich sein ganzes Leben lang der Wahrheit, so wie er sie sah, verpflichtet fühlte (was ein Umdenken und Lernen keineswegs ausschloß), war nirgends Platz für ihn – nicht als Dozent an Universitäten, wo seine berufliche Laufbahn begann, nicht als Autor bei bekannten Verlagen und auch nicht als Mitglied in der Kommunistischen Partei der USA, die ihre Wahrheit an den marxistischen Klassikern maß. Scott war nicht zu Kompromissen bereit und brach somit allmählich alle gesellschaftlichen Brücken ab; 1928 stand er schließlich völlig alleine da.

Helens Herkunft hätte nicht unterschiedlicher sein können. Sie war in einem bürgerlichen Elternhaus aufgewachsen und hatte noch nie für ihren Lebensunterhalt arbeiten müssen. Aufgrund ihres Violinstudiums war sie bereits weit in der Welt herumgekommen. Sie verbrachte einige Jahre in Europa (hauptsächlich in den Niederlanden und in der Schweiz), in Indien und in Australien. In dieser Zeit beschäftigte sie sich näher mit der Theosophischen Gesellschaft und pflegte einen intensiven Kontakt zu dem indischen Philosophen Krishnamurti.

Helen war »erst« 24 Jahre alt, als sie Scott (damals 45) Ende der 20er Jahre begegnete. Bald darauf lebten sie zusammen in einer ungeheizten Ein-Zimmer-Wohnung in New York. 1932 beschlossen sie, lieber auf dem Land arm zu sein als in der Stadt – und hier beginnt die eigentliche Geschichte der Nearings. Fast 20 Jahre lang lebten sie in den »Green Mountains« von Vermont. In dieser Zeit bauten sie eine heruntergewirtschaftete Farm wieder auf, errichteten mehrere Häuser aus Feldsteinen und verdienten das wenige Geld, das sie benötigten, durch die Herstellung von Ahornzucker. Diesen Teil ihres Lebens haben sie in ihrem Buch »Ein gutes Leben leben« festgehalten.

Eigentlich hatten Helen und Scott geplant, den Rest ihres Lebens dort in Vermont zu verbringen. Doch Anfang der 50er Jahre wurde ihre *Forest Farm* durch den zunehmenden Ski-Tourismus plötzlich so leicht erreichbar, daß sie in dem wachsenden Besucherstrom fast ertranken. Nach reiflicher Überlegung trafen sie daher mit 48 bzw. 69 Jahren eine Entscheidung, die vielen jüngeren damals wie heute schwer fällt: Sie fingen noch einmal von vorne an.

Diesmal zogen sie nicht in die Berge, sondern ans Meer. Und sie stellten keinen Ahornzucker her, sondern pflanzten Heidelbeerbüsche. Aber wieder zogen sie zunächst in eine heruntergekommene Farm, wieder in ein Holzgebäude. Im vorliegenden Buch wird von diesem Neuanfang erzählt sowie von den darauf folgenden 30 Jahren, die Helen und Scott zusammen in ihrer zweiten *Forest Farm* in Harborside, Maine, verbrachten.

Kurz vor seinem 100. Geburtstag fand Scott es an der Zeit, sich auf den Tod vorzubereiten. Er entschied sich zu fasten und verabschiedete sich drei Wochen später von Helen, die ihn auch bei diesem, seinem letzten Schritt begleitete. Nach seinem Tod lebte Helen noch einige Jahre alleine auf der *Forest Farm*. Sie war weiterhin aktiv, empfing noch immer viele Gäste, unternahm einige Reisen nach Europa und schrieb zwei Bücher. Im September 1995 kam sie im Alter von 91 Jahren bei einem Autounfall ums Leben.

*pala-verlag, März 1997*

*Ich habe nicht mehr geschrieben, als ich gesehen habe, noch habe ich einen Vorteil hinzugefügt, wovon ich nicht gewußt hätte, daß er den Fleißigen freigiebig verliehen wurde; ihrem Vorbild sollst du folgen, falls du Teilhaber sein willst, und füge den guten Arbeiten ein gutes Leben hinzu.*

*Gervase Markham, Farewell to Husbandry, 1620*

*Laß den Bauern nicht auf jeder Seite Neuheiten erwarten, er möge sich nicht verwundern, wenn er seine tägliche Praxis einfach und kurz berichtet findet. Mein Buch ist nicht ersonnen zu amüsieren, sondern zu unterweisen, es ist voll Wahrheit, nicht voll Launen. Und die Wahrheit ist so klar und deutlich, daß sie allen in jedem Alter weitgehend bekannt ist.*

*John Laurence, A New System of Agriculture, 1726*

*Da ich meine Aufmerksamkeit der Kultivierung der Erde geschenkt habe, finde ich, daß ich keinen Wettbewerb zu fürchten und nichts vom Erfolg meiner Nachbarn zu befürchten habe; und ich schulde für den Kauf meiner Waren keinen Dank. Da ich auf meinem Land alle Notwendigkeiten des Lebens besitze, habe ich keine Angst um meinen täglichen Unterhalt.*

*John Sillett,*
*A New Practical System of Fork and Spade Husbandry, 1850*

*In diesem Beispiel ist der Fall eines völlig Unerfahrenen angenommen worden; die notwendigen Informationen, die ihn befähigen, auf die verschiedenen Notfälle der Farm zu regieren, werden auf den folgenden Seiten kurz, aber sorgfältig gegeben, so daß hoffentlich ein nützlicher Leitfaden der Landwirtschaft kleinen Maßstabs entstanden ist.*

*Martin Doyle, Small Farms, 1859*

*Wenn er eine sorglose Natur und ein verzagtes Gemüt besitzt, von Schwierigkeiten entmutigt ist und eine schwache körperliche Statur hat, paßt solch ein Leben nicht zu ihm. Wenn sein Frau schwächlich ist, es ihr an geistiger Energie mangelt und sie unfähig ist, die Prüfungen des Lebens zu erdulden, so ist sie nicht für ein Leben der Mühsal geeignet – es ist unsinnige Grausamkeit, sie dem auszusetzen.*

*C. P. Traill, The Canadian Settler's Guide, 1860*

# Selbstversorgung als produktive Berufung

Fast ein halbes Jahrhundert experimentieren wir nun damit, ein einfaches Leben zu führen: Wie können wir Gesundheit und Lebenslust mit einem Minimum an Mühe und Geld und einem Maximum an Zufriedenheit erhalten?

Unser Buch *Ein gutes Leben leben*, das wir 1954 veröffentlichten, handelt von 19 Jahren des Landlebens in Jamaica, Vermont – von Pikes Falls aus erreichte man den Ort auf einem 10 km langen unbefestigten Weg. Seit 1952 leben wir auf einer anderen Farm in Harborside, Maine, am Cape Rosier, die ebenfalls an einem Feldweg liegt. Dies ist ein Bericht über unser Experiment in Maine und unsere Erfahrungen.

Sowohl in Jamaica als auch in Harborside hatten wir heruntergekommene Farmen übernommen. Während unserer Zeit in Vermont war die Nebenstraße nur dürftig mit Kies bedeckt. Noch viele Jahre nach unserem Einzug war die Straße von Harborside nach Cape Rosier ein Feldweg, eine Sackgasse und die letzte der Straßen, die im schneereichen Frühling geräumt wurden. Beide Höfe lagen isoliert und fern von Städten.

Das Landleben in Vermont und Maine lehrte uns viele Dinge über das Leben im allgemeinen und über das Landleben im besonderen. Beides war Teil eines einzigen Experimentes: Aufbau und Erhaltung einer ökonomisch überlebensfähigen Familienwirtschaft inmitten der zerstörten Überbleibsel einer Gesellschaft, die sich in Übereinstimmung mit den Gesetzen ihres selbstzerstörenden Wesens auflöste.

Sowohl in Harborside als auch in Jamaica verwandelten wir ausgelaugtes Farmland in gute Erde und verbesserten diese so lange, bis wir unsere eigene Nahrung anbauen konnten. Beide Farmen versorgten uns schließlich mit Nahrung, Brennstoff und einem Dach über dem Kopf, den Minimalerfordernissen eines Lebens in Neu-England. Der Anfang in Vermont war schwieriger, weil wir noch keine Erfahrung hatten. Als wir dann nach Maine kamen, besaßen wir genügend Kenntnisse und Materialien, um den Umzug und den neuen Anfang zu bewältigen.

Außerhalb der Vegetationsperiode (bei hartem Frost und in den Übergangsperioden) waren wir auf beiden Farmen mit der grundsätzlichen Renovierung der Gebäude beschäftigt. Jahr für Jahr verbesserten wir unsere Lebensumstände durch unsere eigenen Anstrengungen und durch die von Freundinnen und Freunden oder von Menschen, die zufällig vorbeikamen und uns halfen.

Gleichzeitig gingen wir weiterhin mit aktivem Interesse unseren jeweiligen Berufen nach (Helen widmete sich der Musik, Scott den Sozialwissenschaften). Wir beide sind weit gereist. Wir haben viel gelesen und studiert und hielten unzählige Vorträge, wann und wo immer sich die Gelegenheit dazu bot. Ein altes Sprichwort sagt, daß der Wechsel der Beschäftigung so gut sei wie eine Ruhepause. Wir würden sagen, er ist besser als eine Ruhepause, denn die Veränderungen in unseren Beschäftigungen boten uns stets Entspannung ohne Langeweile.

Einer unserer welterfahrenen Besucher aus der Stadt fragte uns: »Was macht Ihr in Eurer Freizeit?« »Wir haben keine freie Zeit, wir sind immer beschäftigt«, war unsere Antwort. »Die Tage sind so kurz, daß wir stets zu wenig Zeit haben.« »Aber was tut Ihr zum Vergnügen?« beharrte unser Besucher. »Alles was wir machen, bringt uns Befriedigung. Wenn wir es nicht genießen könnten, würden wir etwas anderes tun oder unsere Arbeiten so ausführen, daß sie mehr Sinn hätten.«

»Schau Dir irgendeinen unserer Tage an«, fuhren wir fort, »oder irgendeine der Hauptaktivitäten, mit denen wir beschäftigt sind: Nahrungsproduktion und Lagerhaltung, Holzhacken, Gärtnern, Hausbau, Waldarbeit, Forschen, Lehren, Musizieren, Reden, Artikel und Bücher schreiben, Reisen. Jede hat ihre besonderen Vorzüge und bietet eigene Gelegenheiten. Wenn sie einen Höhepunkt erreicht oder zu einem Abschluß führt, sagen wir: Wir haben diese Arbeit so gut wir konnten getan. Was steht nun als nächstes auf unserem Programm? Und dann fahren wir fort mit der Arbeit des Tages, der Woche oder der Jahreszeit.«

Unser Leben ist nicht mit steriler Wiederholung und unproduktiver Routine überladen. Jedes neue Projekt und jeder neue Tag ist eine neue

Herausforderung und eine neue Erfahrung. Es sei denn, wir machen irgendeinen dummen Fehler und sind gezwungen, die ganze mangelhafte Konstruktion abzureißen und zu verbessern. Wenn man den Fehler erkennt und herausfindet, wie und warum er gemacht wurde, hat man die Befriedigung, die Arbeit so gut man konnte getan zu haben, und kann einen ähnlichen Fehler in Zukunft vermeiden.

Hört sich das selbstzufrieden an? Es ist nicht so gemeint. Wenn man eine Arbeit in Angriff nimmt, die weit über die eigenen Erfahrungen und Energien hinausgeht, so kann dies deprimieren und frustrieren. Aber wenn man nicht mehr abbeißt, als man schlucken kann und es gründlich durchkaut, stehen die Chancen auf Erfolg gut.

Es gibt heute die Tendenz, sich den eigenen Weg durch den Irrgarten eines komplizierten Lebens boxen zu wollen. Dies weise und langsam zu tun, ist ein guter Rat. Ein Rennen wird nicht in der ersten Runde entschieden. Nehmen Sie sich Zeit, teilen Sie sich Ihre Energien ein, planen Sie Ihre Unternehmen sorgfältig, und machen Sie einen Schritt nach dem anderen – jeden sorgfältig vorbereitet. Das macht sich auf lange Sicht bezahlt.

Lehnen wir deshalb das Prinzip des »großen Sprungs« ab? Weit gefehlt. Ein einzelner Schritt ist besser als gar keiner. In einer revolutionären Situation mag ein großer Sprung die richtige Antwort für ein Individuum oder eine ganze Gruppe sein. Ein großer Sprung zur falschen Zeit, der mit unzureichender Vorbereitung oder unzulänglichen Mitteln gemacht wird, kann ein Individuum oder eine Bewegung für eine Generation zurückwerfen. Eine Schritt-für-Schritt-Politik kann die richtige Taktik sein, wenn die Kräfte verstreut sind und man nur wenig Erfahrung besitzt.

Wir sind in diesen Jahrzehnten der Experimente und des Aufbaus einer Reihe von Herausforderungen begegnet – jeder zu ihrer Zeit und auf ihrer Ebene. Jede Herausforderung hatte ihren eigenen Charakter. Einige von ihnen hatten mit unseren Grundvoraussetzungen zu tun, andere betrafen kleinere praktische Einzelheiten. Jede war auf ihre Art interessant und führte zu einem eigenen Maß an Befriedigung, wenn sie gelöst wurde. Jede Herausforderung, der man begegnet und die man meistert, würzt das Leben. Jede eröffnet interessante Ausblicke auf die nahe und ferne Zukunft.

Sogar in unserem fortgeschrittenen Alter (wir sind beide weit im »Rentenalter«) haben wir kein Verlangen nach Rückzug. Im Gegenteil, wir sind eifrig dabei zu leben. Die Vergangenheit besteht aus genußvollen Erfahrungen. Die Gegenwart eröffnet uns interessante Aussichten für die Zukunft. Das Leben war für uns lohnend, sogar in seinen Details und kleinen Zufällen. Wir haben jeden Grund zu vermuten, daß wir weiterhin noch stärkere Befriedigung erlangen, wenn wir weiser werden und noch eher in der Lage sind, mit dem, was die Zukunft bringt, umzugehen.

*Die brechenden Wogen brandeten hoch an eine strenge und felsige Küste, und die Wälder stießen ihre Äste gegen einen stürmischen Himmel, der Seeadler schwang sich von seinem Nest an dem Schaum der weißen Wellen, und die wiegenden Fichten des Waldes brausten. Das war ihr Willkommen!*

*Felicia Hemans, The Landing of the Pilgrim Fathers, 1830*

*Eilt euch, eilt euch, aus dem Weg! Er fährt, wir fahren, sie fahren heute; ziehen, schieben, Väter rufen, Mütter schimpfen, Kinder schreien, locken, necken, wimmern, schwatzen, Töpfe und Pfanne und Kessel rasseln, Betten kippen, Laken fliegen, zerbrochene Stühle und hohle Waren auf der Straße – Umzugstag!*

*Eilt euch, eilt euch, nur Bewegung! Einige ziehen ein, andere aus; einige mit Pferden, andere zu Fuß, eine jährliche Rasselbande. Vermieter mahnen, Mieter zögern; lachen, weinen, tanzen, seufzen – Spinnen sterben, Federn fliegen, Betten aufschütteln, Ungeziefer entfernen, jagende Ratten, miauende Katzen, jaulende Hunde, grunzende Schweine, was ist denn los? Umzugstag!*

*Peter Parley's Almanac for 1836*

*Dennoch weiterziehen und niemals anhalten, Pioniere! Oh Pioniere!*

*Walt Whitman, Leaves of Grass, 1865*

*Oh glücklicher, oh froher Tag, wenn ein neuer Haushalt gegründet wird und unter den Myriaden von Heimen auf der Erde seinen harmonischen Weg beginnt.*

*Henry Wadsworth Longfellow*

# Wir ziehen nach Maine – mit Sack und Pack

Wir hatten uns ein gutes Leben in Vermont aufgebaut, den Boden verbessert, das Zuckergehölz gesäubert und vergrößert, Holzhütten durch Beton- und Steingebäude ersetzt, die Straßen neu gebaut – insgesamt hatten wir eine kränkliche, bankrotte Farm in ein kraftvolles, gesundes Unternehmen verwandelt. Einige der Freundinnen und Freunde, die uns besuchten, sagten schon früh: »Das hier ist etwas Besonderes. Falls Ihr verkaufen wollt, sagt uns bitte Bescheid, bevor Ihr annonciert.«

Wir dankten unseren potentiellen Käuferinnen und Käufern für dieses Kompliment, versicherten ihnen aber, daß wir viele Gedanken und viel Zeit und Energie in Aufbau und Ausstattung unserer *Forest Farm* gesteckt hatten und daß wir überhaupt nicht an einen Verkauf dachten.

Allerdings hatten wir einen der unerbittlichsten Meister übersehen, den es gibt: den Wandel. Wir waren jung und dumm genug zu glauben, daß wir für immer in Pikes Fall bleiben würden. Das war falsch. Dort wie überall sonst wird alles durch Veränderung bestimmt.

Wir lebten am Fuß des Stratton Mountain. Wie der Rest der Green Mountains war der Stratton zu dieser Zeit vom Fuß bis zur Spitze mit einem Wald von Nadel- und Laubbäumen bedeckt: Seine 10 000 Hektar gehörten der Papierindustrie, die den Berg aufgekauft hatte und ihn als Forstreserve hielt. Das Dorf Stratton, einstmals eine blühende ländliche Gemeinschaft, hatte sich bereits auf ein paar zerstreute Familien reduziert. Die Straßen am Stratton waren vernachlässigt oder ganz aufgegeben worden. Während der 50 Jahre ungehinderten Wachstums waren die einst ertragreichen Felder vom Wald übernommen worden. Die Leute in unserem Tal nannten die Gegend »die Wildnis«. Sie holten dort ein paar Weihnachtsbäume, einige Balsamtannen für Kränze und oftmals Farn, der an Blumenhandlungen in Boston und entferntere Städte verkauft wurde.

Gegenüber der Landstraße, die unser Farmland von dem Nachbarhaus im Süden trennte, stieg das Land in Richtung des Stratton an, und so wurde das Sonnenlicht an kurzen Wintertagen schon um halb vier Uhr nachmittags abgehalten. Nördlich und östlich von uns erstreckten sich entlang der Ufer des West River meilenweit kleinere Berge, die zwar überwiegend bewaldet waren, allerdings waren dort große Bäume nicht mehr zu finden.

Nachdem wir etwa 15 Jahre in Vermont gelebt hatten, begann die Papierindustrie, als Vorbereitung für die Entwicklung eines neuen Lebens für Stratton den Wald zu fällen. Auf den Nord-, Ost- und Westhängen wurde gerodet, es wurden Straßen gebaut und befestigt. Die Wildnis verschwand fast über Nacht. Ihr Platz sollte von den Stratton-Skihängen eingenommen werden – einem der größten und bekanntesten Ski-Gebiete der Ostküste.

Die *Forest Farm* wurde für uns immer unangenehmer, je mehr die Pläne Gestalt annahmen. Das Pikes Falls der 30er Jahre sollte von den Kräften verschluckt werden, die sich darauf konzentrierten, eine Skistadt zu errichten.

Der gesamte Lebensrhythmus des Tales veränderte sich. Unsere einstmals isolierte Farm war nun für Außenstehende aus der Gegend um Boston und New York gut erreichbar geworden. Zahllose Besucherinnen und Besucher kamen vorbei, andere ließen sich nieder. Es waren nicht so sehr jene einfachen und hart arbeitenden Leute, mit denen wir gelebt hatten. Sie wollten sich lieber eine »schöne Zeit« machen als arbeiten. Tief in ihrem Herzen machten sie Urlaub, statt zu arbeiten. Die Außenwelt kam uns zu nahe. Unsere Abgeschiedenheit war dahin.

Auch andere Umstände führten dazu, daß wir darüber nachdachten, das Tal, von dem wir gedacht hatten, es wäre für immer unsere Heimat, zu verlassen. Wir waren 1932 angekommen und hatten uns still zwischen Leuten niedergelassen, die dort seit Generationen siedelten. Es gab wenig Gemeinschaftsleben, obwohl gelegentliche Nachbarschaftshilfe stattfand. Es gab sicherlich örtliche Streitigkeiten, im Großen und Ganzen war es aber eine stabile Gruppe von Familien, die ihren Lebensunterhalt auf ihrem eigenen Land erarbeiteten.

Der Krieg veränderte die Dinge. Einige der älteren Leute gingen weg, um in Kriegsbetrieben zu arbeiten, einige der jüngeren wurden eingezogen. Eine ziemlich große Anzahl von Kriegsdienstgegnern, die nicht zu Mördern werden wollte, zog in unser Tal. Sie sprachen über ein gutes Leben, ein Leben vom Land, über Künste und Handwerke und sogar über harte Arbeit. Wir sahen die Möglichkeit einer ökonomischen Basis für ein Gemeinschaftsleben und hofften, eine gesunde, lebensfähige Gemeinschaft aufbauen zu können. Wir bemühten uns, auf unserem Land und in der Nachbarschaft unseren Teil beizutragen.

Nach Kriegsende kamen Veränderungen. Die Menschen reduzierten ihre Erwartungen und ihre Ansprüche und kehrten zum Alltag zurück. Sie nahmen die Dinge leichter, Klatsch und Tratsch und Fehden erhielten wieder Einzug. Die Verständigung in der Gemeinschaft starb ab. Es gab Cliquen und nur wenig Zusammenarbeit. Die Leute wollten Freiheit auf allen Ebenen – Freiheit von Arbeit, von Disziplin, von gemeinschaftlicher Verantwortung. Es ging ihnen um eine schöne Zeit, um Spaß, um Muße zum Umherschweifen.

So wie die Dinge lagen, waren die einzigen gemeinschaftlich organisierten Unternehmungen Tanzveranstaltungen und Parties. Es gab keine Genossenschaften und wenige soziale Unternehmungen. Die Leute wollten den vergangenen und drohenden Kriegsgedanken entfliehen. Oft wurde uns gesagt: »Wir möchten nichts über Politik hören. Wir möchten Euch einfach als Nachbarn. Kommt zum Tanz.« Oder: »Kommt zu uns. Besucht uns. Laßt uns ein wenig plaudern.« Und: »Bier fördert die Geselligkeit«.

In fast jedem Haus der Neuzugezogenen im Tal bestanden die geselligen Zusammenkünfte der jungen Leute aus Parties. Zu welchem Zweck? Unserer Auffassung nach ist das Leben etwas Ernstes, eine Gelegenheit, zu lernen, zu dienen und Wahrheit, Schönheit und Gerechtigkeit in der Welt aufzubauen. Andernfalls wären Tanzveranstaltungen, Klatsch und Parties in Ordnung, denn dann wäre das Leben sinn- und bedeutungslos und jegliche Flucht der Langeweile vorzuziehen.

Für uns war das Leben real, lebendig, dringend und wichtig. Es gab viele Dinge, die getan werden mußten. Wir wollten unsere Energie gezielt einsetzen und unsere Zeit mit Menschen verbringen, die ähnlich engagiert waren wie wir und die bereit waren, sich zu disziplinieren und gemeinschaftliche Angelegenheiten zu organisieren, um die Schwierigkeiten des Alltags zu überwinden. In jedem Fall fühlten wir uns in einer Umgebung, in der triviale Aktivitäten und Sinnlosigkeit langsam zum Mittelpunkt wurden, unwohl.

Der Tropfen, der das Faß dann zum Überlaufen brachte und uns bewog, Vermont zu verlassen, um irgendwo anders Abgeschiedenheit zu suchen, bestand in einer Gruppe von 17 nicht eingeladenen, unbekannten Besucherinnen und Besuchern. Sie tauchten an einem Arbeitstag auf und belagerten den Morgen über unsere Küche, als wir auf dem Herd für eine eilige Bestellung Ahornsirup kochten. Die Leute waren an sich harmlos – Ausflügler, die einen freien Tag in den Wäldern verbrachten und die Einheimischen beobachteten. Für sie war es eine Flucht aus der Tretmühle der städtischen Existenz. Die Zeit wurde ihnen lang, und sie schlugen sie tot.

»Was für ein wunderbares Haus! Und Sie haben alles selbst gebaut!« riefen sie aus. »Und so machen Sie Ahornzucker?« »Wir möchten gerne den Ahornwald sehen.« »Erzählen Sie uns etwas aus Ihrem Leben!« »Wie haben Sie bloß diesen Ort gefunden?«

Wir hatten zu arbeiten und Termine zu erfüllen. Wir scheuchten sie hinauf, um die Aussicht vom Balkon zu sehen. Nachdem sie weg waren, platzte Scott heraus: »Das ist unmöglich! Wie können wir unsere Arbeit tun, wenn wir alle 20 Minuten von einer neuen Horde von Ausflüglern unterbrochen werden? Wir müssen hier weg!«

Bis dahin hatte Helen es übernommen, mit solchen zufälligen Überfällen fertig zu werden. Sie hatte die Leute begrüßt und mit ihnen geredet. Scott blieb in seiner felsigen Studierstube auf dem großen Findling hinter dem Haus. Schließlich jedoch begann Helen, die Bürde des Tourismus gleichmäßiger zu verteilen, indem sie den Besucherinnen und Besuchern sagte: »Scott ist draußen in seinem Arbeitszimmer auf dem großen Felsen. Warum klettert Ihr nicht hinauf und schaut, was er macht?« Helens Vorgehen führte zu der erwarteten Reaktion von Scott. Wir begannen ernsthaft über einen Umzug nachzudenken.

So auf Papier scheint dies alles recht harmlos zu sein. Was ist schon dabei, wenn in einer Woche ein paar Dutzend Fremde unsere Routine durcheinanderbringen und an einem Morgen 17 Leute über uns herfallen? Wir könnten unsere Arbeit für diese Zeit beiseite legen und uns der Unterhaltung mit einer oder zwei Gruppen widmen – was manchmal oberflächlich und manchmal lohnend war. Aber die Tage wurden zu Wochen und Monaten. Den ganzen Sommer lang kamen und gingen Besucherinnen und Besucher, bis wir beide darin übereinstimmten, daß Pikes Falls für uns, unsere Projekte und unser Programm kein geeigneter Ort mehr war.

Wohin sollten wir gehen? Wann sollten wir gehen? Und wie sollten wir die Suche nach einer Fortsetzung der von uns gewählten Version des guten Lebens angehen? Wo sollten wir eine andere Farm finden, die so einsam gelegen, so produktiv und so wunderbar war wie unsere Vermonter Waldfarm?

Folgende Voraussetzungen sollten gegeben sein: genug Einsamkeit, um der Enge und dem Gedränge der Stadt und ihrer Vororte zu entgehen, ein Minimum an fruchtbarer Erde, damit wir unsere eigene Nahrung würden ziehen können, reichlich frisches Wasser sowie Holz, um unseren Brennstoff zu sichern. Und dieses Mal würden wir anstatt in den Bergen nach einem Platz am Wasser Ausschau halten. 19 Jahre lang waren die grünen Berge von Vermont unser Zuhause gewesen. Warum sollten wir nun nicht die nächsten 20 Jahre am Meer verbringen? Wir beide mochten die Berge sehr, aber beide wurden wir gleichermaßen auch von großen Wasserflächen angezogen.

Wir waren weit genug gereist, um behaupten zu können, daß wir die Welt gesehen hatten. Wir stimmten darin überein, daß die Arktis, die Antarktis, die Tropen und die Subtropen für uns nicht geeignet waren. Wenn all dies für uns nicht in Frage kam, wohin sollten wir ziehen? Auf alle Fälle in eine gemäßigte Klimazone, aber wo, auf welchem Kontinent? Europa vielleicht? Helen liebte das Land ihrer Mutter, Holland, und beide hatten wir die Zeit genossen, die wir im österreichischen Tirol verbrachten. Aber Europa war überfüllt, und außerdem gab es Sprachschwierigkeiten. Wir berücksichtigten alles und entschlossen uns, in den USA zu bleiben, dort, wo wir geboren waren. Wir wollten versuchen, eine andere Farm in Neu-England zu finden, wo wir die letzten 20 Jahre unter für uns beide befriedigenden Bedingungen verbracht hatten.

Ein bedeutender Faktor bei unserem Entschluß war, daß wir uns das Leben in Neu-England leisten konnten, besonders in abgelegeneren Gebieten, wo es noch Land zu vernünftigen Preisen gab.

Neu-England hat einen weiteren Vorteil – das Klima. Wir genießen den Wechsel der Jahreszeiten und mögen jede mit ihrer unendlichen Vielfalt. Am meisten schätzen wir den Herbst mit frischer Luft, dem farbenfrohen Laub und dem Fehlen von Insekten. Der tiefe Frost der Wintermonate erfordert einen Wechsel der Beschäftigung und ermöglicht es uns, unserem Beruf und unseren Neigungen nachzugehen.

Neu-England besitzt auch bedeutende geologische Vorteile. Zwischen kleinen Flußtälern besteht die Landschaft aus einer Reihe von Bergen, durch die die Landmasse in relativ kleine Flächen mit gut entwässerter Erde und bedeutend größere Flächen mit felsigen Abhängen aufgeteilt wird. Dadurch wird eine großflächige Kultivierung schwierig; vorteilhaft sind vor allem Bergweiden. Solche unterbrochenen Landmassen eignen sich hervorragend zur Selbstversorgung, was in Neu-Englands Geschichte stets eine bedeutende Rolle gespielt hat.

Als wir uns für die Gründung eines neuen Heims in Neu-England entschieden, beschlossen wir, dem Beispiel von Henry Gross zu folgen, und benutzten zum Auffinden unserer neuen Farm eine Wünschelrute. Zu allen Zeiten in der Geschichte des Menschen, wie in der Folklore und schriftlichen Berichten festgehalten wurde, hat es Menschen mit den üblichen fünf Sinnen plus einem sechsten oder vielleicht siebten Sinn gegeben, mit dem die Existenz von Grundwasser, dessen Entfernung von der Oberfläche und sogar dessen Menge angezeigt werden kann. Wünschelrutengänger empfinden noch weitere Schwingungen als jene, die von den fünf Sinnen erkannt werden. Zu diesen Menschen gehört Helen. Als wir auf zwei Farmen in Vermont nach Wasser suchten, war sie in der Lage, welches zu entdecken.

Eines Tages stießen wir zufällig auf ein Buch von Kenneth Roberts mit dem Titel *Henry Gross and His Dowsing Rod* (»Henry Gross und seine Wünschelrute«). Henry Gross hatte nicht nur in Maine Wasser aufgespürt; er hatte auch eine Karte von den Bermudas genommen und in einer Gegend Wasser entdeckt, wo bislang keines gefunden worden war. Dabei war er den Richtlinien von Kenneth Roberts gefolgt. Wir entschieden, für unsere Suche nach einer am Wasser gelegenen Farm die gleiche Technik anzuwenden.

Helen nahm eine gute Karte von Maine, ging hin und her und konzentrierte sich dabei darauf, was wir suchten und fragte dann das Pendel. Dieses kreiste beständig über der Penobscot-Gegend, an der Spitze der Bucht.

Wir nahmen uns eine Woche Zeit, fuhren die 600 km von Jamaica in Vermont nach Penobscot Bay, Maine, und begannen unsere Suche mit einem Besuch bei zwei Bio-Gärtnern, die in der Nähe der Stelle lebten, die auf der Karte von Helens Pendel angezeigt worden war.

Unsere Freunde empfingen uns sehr gastlich, kannten aber kein Stück Land, das unseren Anforderungen entsprochen hätte. Wir aßen zu Abend, blieben über Nacht und setzten am nächsten Morgen unsere Suche entlang der gewundenen Küste von Maine fort, in Richtung Kanada. Wir besuchten Makler und besichtigten Ländereien. Wir nahmen sogar ein Boot und suchten nach Land auf einer der Inseln.

Fünf Tage verbrachten wir mit dieser Suche ohne ein greifbares Resultat. Am sechsten Tag fuhren wir wieder in Richtung Vermont. Auf dem Weg kamen wir nahe an der Farm unserer beiden Freunde vorbei. Es war gegen Abend, und wir waren von Vermont noch weit entfernt. So kamen wir noch einmal zu Davids Folly Farm. Wir wurden herzlich begrüßt und gefragt, ob wir bei unserer Suche nach dem gewünschten Ort Glück gehabt hätten. Wir erzählten ihnen mit Bedauern, daß wir leider die Suche im Moment aufgegeben hätten und mit leeren Händen nach Vermont zurückkehren würden.

»Wir haben wieder über diesen Ort nachgedacht, den Ihr sucht: eine fruchtbare Farm, Abgeschiedenheit und Nähe zum Wasser. Wir glauben, daß wir genau das Richtige für Euch kennen, aber wir wissen nicht, ob es noch zu kaufen ist.« Wir nahmen Kontakt mit der Besitzerin, Mary Stackhouse, auf, und in der Tat, die Farm war noch immer zu kaufen. Sie fand es zu einsam für eine Frau, so abseits am Cape Rosier zu leben, und hatte soeben eine Anzeige fertig gemacht, die sie an den *Boston Globe* schicken wollte, um die Farm sofort zu verkaufen.

Gleich am nächsten Morgen fuhren wir die engen staubigen Straßen hinunter, die zum Kap führten. Die betreffende Farm war überwuchert und vernachlässigt, und die Wiesen waren in einem schlechten Zustand. An einer Seite des Hauses bestand die Erde vor allem aus Ton, an der anderen aus sandigem Lehm. Es gab eine Quelle am Waldrand, die durch das Gefälle in die Küche hineinlief. Das war ein großartiger Fund. Helen ging für ein paar Minuten ins Haus und war sehr zufrieden, da es sonnig und geräumig war.

Die Farm lag in der Tat abgeschieden, am Ende einer Sackgasse und ohne direkte Nachbarschaft. Sie lag an einer lieblichen, nach Westen gerichteten kleinen Bucht. Das Land konnte wieder in guten Zustand gebracht werden. Es gab gutes Wasser. Innerhalb von 15 Minuten war die Kaufentscheidung gefallen.

Dies fand im Herbst 1951 statt. Wir hatten bereits Kontakt mit einem Eisenwarenhändler aus Hartford, Connecticut, aufgenommen, der unsere Ahorn-Farm gerne kaufen wollte und vorhatte, den Ahornwald als Einkommensquelle zu nutzen. Wir vereinbarten, mit ihm und seiner Frau zusammenzuarbeiten und zeigten ihm die Techniken der Zuckerherstellung während der kommenden Saft-Saison.

Während des Spätwinters 1951 und des Frühjahrs 1952 unternahmen wir mit unserem Lieferwagen und dem Lastwagen eines Freundes mehrere Fahrten und brachten unsere Habseligkeiten den weiten Weg von Pike Falls nach Harborside.

Im Frühjahr 1952 beendeten wir unsere letzte Saft-Saison. Mit großem Bedauern wandten wir uns von der schönsten Arbeit ab, die wir jemals in Vermont getan hatten: Ahornbäume anzapfen, den Saft auskochen und Zucker und Sirup aus dem Ahorn bereiten, der auf unserer Waldfarm wuchs. Wir waren auch traurig, unsere handfesten, attraktiven Steinhäuser zu verlassen, deren Bau uns großes Vergnügen bereitet hatte und in denen wir so gerne gelebt hatten. Auch die Berge mußten wir zurücklassen sowie einige Freundinnen und Freunde, mit denen wir viele Gemeinsamkeiten entdeckt hatten.

Als im späten Frühjahr der Schnee schmolz und die Zeit des Pflanzens nahte, gingen wir auf dem frisch gepflügten Land, das nun für das nächste Vierteljahrhundert unser Garten sein sollte, an die Arbeit.

*Sei willkommen, Sommer, mit deiner sanften Sonne, die dieses Winterwetter überwunden hat.*

*Chaucer, The Parliament of Fowls, 1380*

*Frühling ist die geschäftigste und eiligste der Jahreszeiten.*

*Samuel Deane, in The New England Farmer, 1790*

*Im März ist es für den Winter Zeit zu weichen, aber er kann mit einem Krokodil verglichen werden, das dir einen Besuch gemacht hat und so lange blieb, wie es wollte und dann vorgibt zu gehen, aber während es seinen Kopf und Körper aus der Tür streckt, läßt es seinen riesigen Schweif zuckend, schlagend und schwingend hinter sich. So ist im März der Schweif des Winters zurückgeblieben, um uns mit Böen, Windstößen, Stürmen, Regen, Hagel und Schnee zu belästigen. Oft scheint es einen Hader zwischen den Jahreszeiten zu geben, Frühling und Winter erringen abwechselnd die Oberhand. Nach einer Weile jedoch sieht letzterer seine Eiszapfen schmelzen und, um zu vermeiden, in einen Wasserstrom verwandelt zu werden, zieht er sich langsam zurück, zuerst nach Neu-England, verharrt entlang der Grünen Berge, bis er vom Genius der Blumen verfolgt die Hudson-Bucht überschreitet und sich hinter den Hügeln von Grönland versteckt, bis er sich wieder vorwagen kann.*

*Peter Parley's Almanac for 1836*

*Der Winter ist gewichen, die Zeit für Arbeit und das Singen der Vögel ist wiedergekehrt... Es ist nun die Jahreszeit, um mich zu tummeln, mein Land zu bestellen und meine Früchte einzupflanzen... Alle meine Besucher aus der Stadt sind überrascht, den Garten so frei von Unkraut zu finden, während sie nicht übersahen, daß die meisten Früchte außerordentlich gediehen. Sie wußten nicht, daß in Gärten, wo das Unkraut ungestört gedeiht, das Gemüse niemals etwas wird. Was die Nachbarn betrifft, sie kamen gelegentlich, um zu sehen, was die Frauen machten, schüttelten aber die Köpfe, als sie sahen, daß die Frauen bloß Unkraut hackten. Sie sagten, daß die Unkräuter nicht schadeten, und daß sie genauso versuchen könnten, all die Fliegen zu töten. Sie sind unter Unkräutern aufgewachsen, wußten alles über sie und es ist sinnlos, zu versuchen, sie loszuwerden.*

*Anonym, Ten Acres Enough, 1864*

# Gärtnern im Frühling und Sommer

In Gedichten ist der Frühling eine Jahreszeit der Regenschauer und der Blüten. »Es regnet nicht Wasser auf mich, es regnet Veilchen.« In Vermont war der Frühling für uns die erfreuliche Zeit der Zuckerherstellung. Nun mußten wir uns an andere Jahreszeiten gewöhnen.

In Maine beginnt der Frühling mit dem Verschwinden von Eis und Schnee beim ersten richtigen Tauwetter, das meist erst im April einsetzt. Bis zu diesem Zeitpunkt kann die Erde endlose Wochen und Monate lang von Temperaturen weit unter dem Gefrierpunkt beherrscht werden. Aber die Sonne bewegt sich nordwärts, und durch die länger werdenden Tage steigen die Temperaturen stetig. Der Frühling liegt in der Luft, die Frühlingssonne wechselt sich mit Aprilschauern ab, Sonnenschein erwärmt die Luft, und Schauer schmelzen allmählich den Schnee.

Unser erster Frühling in Maine war ungewöhnlich warm. Eis und Schnee verschwanden. Wir hatten den abgesteckten Garten im Herbst zum ersten und einzigen Mal pflügen und eggen lassen. Seitdem wurde die gesamte Bodenbearbeitung mit Handwerkszeugen erledigt. Dann hatten wir die umgebrochene Erde mit einer dicken Schicht Strohmulch bedeckt, die wir im Frühjahr abnahmen.

Sobald der Boden trocknete, streuten wir Kompost aus – den wir aus Vermont in alten Safteimern mitgebracht hatten – und arbeiteten ihn leicht in die Erde ein. Tag für Tag bot das trockene Wetter Bedingungen, die für das Pflanzen ideal erschienen. Wir begannen mit Zwiebelsetzlingen, Radieschensaat, Senf, Frühsalat, Roter Bete und Karotten. Zur Vorbereitung des Bodens zum Pflanzen hatten wir ein selbst zusammengestelltes Mehl ausgestreut: Sojabohnenmehl, Baumwollsamenmehl, gesiebte Holzasche und Torf, pulverisiertes Phosphat- und Granitgestein.

Das gute Wetter hielt immer noch an. Wir säten unsere frühen Erbsen aus. Zu unserem Erstaunen lagen am nächsten Tag einige der Erbsen wieder auf der Erdoberfläche. Wir drückten sie wieder hinein. Tage vergingen, die Erde wurde trockener, aber es kam nicht viel heraus. Eines Tages erschienen die Setzzwiebeln, die wir mehr als 2,5 cm tief gesteckt hatten; sie lagen auf der Oberfläche der Reihen, in denen sie gepflanzt worden waren. Das erklärte alles: Sie waren ausgegraben worden. Wir kannten keine Tiere, die Setzzwiebeln fraßen. Offensichtlich hatten Vögel den Boden nach Resten des Sojamehls durchwühlt, für das sie eine Vorliebe haben. Durch das trockene Wetter war die Erde fast zu Staub geworden und konnte selbst von kleineren Vögeln leicht weggekratzt werden, die dann bei ihrer Suche nach Sojamehl oder Samen die Erbsen und Zwiebeln beiseite geschoben hatten.

Als die ersten Regenschauer kamen, die Erde anfeuchteten und so dem Samen halfen, zu keimen, waren unsere sorgfältig geplanten Reihen verschwunden. Aufkeimende Samen waren über das ganze Gartenstück verteilt. Die Vogelbevölkerung mit ihrer Kratzwut hatte unseren sorgfältig angelegten Gemüsegarten in ein Schlachtfeld verwandelt. Wir düngten (ohne Sojamehl), bearbeiteten und bepflanzten die gesamte Fläche aufs Neue.

Seit diesem Mißgeschick waren wir mit frühem Pflanzen immer dann vorsichtig, wenn die Erde auszutrocknen begann. Glücklicherweise ist trockener Boden im Frühling in Neu-England eine Seltenheit. Wie auch immer, es kann passieren, und wenn es eintritt, muß man eben warten.

Ob man von vorn anfängt (was wir in mehr als einer Hinsicht mit diesem Garten in Maine getan haben) oder nicht, es gibt auf der Suche nach Gartenerfahrung mehrere Dinge, die man mit dem Stück Land tun sollte, das man zu bepflanzen gedenkt. Es muß gesäubert und entwässert sein, die Erde muß zerkleinert und so gedüngt werden, daß ein Gleichgewicht zwischen Stickstoff, Phosphor, Kalium und den mehr als einem Dutzend anderen Bestandteilen besteht und auch erhalten werden kann.

Dann muß man die Erde bearbeiten. Bearbeiten in diesem Sinne bedeutet den Boden durchsieben, die großen Klumpen aufbrechen und ihn bis zu einem Punkt verfeinern, wo jede Wurzelfaser der wachsenden Pflanze leicht eine ausbalancierte Ration von Nährstoffen erreichen kann, die ihr das Weiterwachsen ermöglicht. Wenn das chemische Gleichgewicht, die Beschaffenheit der Erde, Licht, Sonne Feuchtigkeit und die

Temperaturen richtig sind, dann werden die Samen keimen, und die Pflanzen werden wachsen, blühen und Früchte tragen. Gesundheit, Lebenskraft und Wachstum der Vegetation einer bestimmten Pflanzenreihe hängt zum Teil von der Auswahl der Samen oder Setzlinge ab, die in die frisch bereitete Erde gesteckt werden, hauptsächlich aber vom Gleichgewicht der Nährstoffe.

Es gibt eine Redensart, daß im Leben nichts sicher ist, außer dem Tod und den Steuern. Wir würden gerne andere Gewißheiten hinzufügen. Erstens: Mit fast untrüglicher Genauigkeit wird ein Rote-Bete-Samen eine Rote Bete und ein Zwiebelsamen eine Zwiebel hervorbringen. Zweitens: Bei richtiger Kombination von Wärme und Feuchtigkeit werden die Samen keimen. Ein Botaniker kann mit fast mathematischer Genauigkeit in der Abfolge der Stadien den Antrieb, die Energie und Beharrlichkeit von keimendem Samen beschreiben. Drittens: Wenn der Boden, in dem die Samen liegen, mit dem ausgewogenen Anteil an Stickstoff, Phosphor, Kalium und den nötigen Spurenelementen richtig versorgt ist, wird dies Wachstum, Blüte und Früchte zur Folge haben.

Unser organischer Garten wird weitgehend mit Humus von unseren eigenen Komposthaufen gedüngt. Wir haben mehr als ein Dutzend solcher Haufen in verschiedenen Reifestufen, die alles in allem mehrere Tonnen Kompost enthalten. Weiter unten (siehe S. 66) beschreiben wir den Vorgang, der uns mit großen Mengen Dünger versorgt und den wir für alle unsere Gartenfrüchte verwenden.

Bezeichnenderweise erfüllt der Wald diese Aufgabe selbst. Es ist ein einfacher Vorgang, der 24 Stunden täglich, Jahreszeit für Jahreszeit, Jahr für Jahr, Jahrhundert für Jahrhundert stattfindet: Blätter, Zweige, Äste und manchmal ganze Bäume werden von Regen, Wind, Frost und Schnee losgeschüttelt. Sie fallen auf den Waldboden und liegen schichtweise übereinander und werden von Tierkot und zuweilen auch von den Körpern von Vögeln und anderen Tieren angereichert. In Aufforstungsgebieten von Neu-England baut sich die Erde eines ungestörten Waldes innerhalb von ungefähr drei Jahrhunderten um 2,5 cm auf – abgesehen von Bränden, die die Erdschicht zu Asche reduzieren. Der Prozeß geht langsam vor sich, aber weil das Volumen an Humus, der für das Wachstum verfügbar ist, steigt, verstärkt sich dieser Effekt ständig.

Im Garten muß man für die Pflanzen Ähnliches tun. Durch Planung und Leitung ist die Bereitung von Humus kein bloßer Prozeß mehr; statt dessen wird daraus eine grundsätzliche Arbeit, die durch das zur

Verfügung stehende Material begrenzt wird. Wer etwas vom Gärtnern versteht, verstärkt und bereichert die Humusschicht bei jeder Ernte, an jedem Tag und in jeder Wachstumsperiode. Der Wald bereitet eigenen Kompost in Jahrhunderten. Wir können in unseren Gärten in einigen Wochen ausgezeichneten Kompost herstellen.

Das lange Frühjahr in Neu-England – mit seinen nebligen Tagen und frostigen Nächten – sorgt vom späten Februar bis in den frühen Mai für eine zehnwöchige oder noch länger andauernde Periode mit genügend Tageslicht und Sonnenschein; in dieser Zeit können widerstandsfähige Grünpflanzen über der Erde wachsen, ohne daß Frostschäden erwartet werden müssen. Der letzte harte Frost traf unseren Vermonter Garten Mitte Juni, unseren Garten in Maine im späten Mai. Im Juni waren hier keine schweren Fröste mehr zu erwarten. Wir konnten unsere Erde bearbeiten, unseren Kompost und anderen Dünger hinzufügen, gründlich in die Erde einarbeiten und die meisten unserer Sommergartenfrüchte – Mais, Bohnen, Kürbis, Gurken und Tomaten – einpflanzen.

Im allgemeinen ist es notwendig, Beete für dauerhafte Pflanzen wie Spargel, Rhabarber, Beeren und mehrjährige Kräuter an bestimmten Stellen anzulegen. Ansonsten sollte der gesamte Garten systematisch rotieren, so daß keine Pflanze auf den gleichen Platz zurückkehrt, ohne daß mindestens eine Wachstumsperiode dazwischen liegt.

Normalerweise werden bei der Anlage eines Gartens niedrig wachsende Pflanzen wie Spinat, Salat, Karotten und Zwiebeln zusammen gruppiert. Ähnliche Gruppen bildet man aus hohen Pflanzen wie Stangenbohnen, süßem Mais, Tomaten und Stangenerbsen.

Wenn die Reihen oder Beete des Gartens in Nord-Süd-Richtung verlaufen, wird auf den Boden der Saatbeete oder auf die Pflanzenwurzeln in der kritischen Periode ihres ersten Wachstums ein Maximum an direktem Sonnenlicht treffen.

Der Frühling-Sommer-Garten wird nicht dem Zufall überlassen. Wir führen ein Loseblatt-Notizbuch, in dem wir aktuelle und vergangene Daten des Gartens festhalten: Reihe für Reihe, Beet für Beet, Abschnitt für Abschnitt in jedem Jahr. Es enthält das Datum der Pflanzungen, die Sorten und die Ergebnisse jeder Ernte. Die Seiten jedes Jahres sind geordnet, so daß wir von Jahr zu Jahr wissen, welche Früchte in bestimmten Teilen des Gartens gepflanzt und geerntet worden sind.

Jede Reihe, jedes Beet ist als Teil des Gesamtgartenplans für das laufende Jahr durchnumeriert, unter genauer Beachtung der Fruchtfolge.

Die Gartenreihen oder -beete sind mit numerierten Pfählen zu Aufzeichnungen der Gartenentwicklungen gekennzeichnet. Wir stellen unsere Reihen- und Beetpfähle aus Zedernholz her. Sie sind 45 cm hoch, mit dem Beil zugespitzt und mit einem blauen oder schwarzen Stift numeriert.

Für einen Garten, der eine Familie versorgen soll, sind nur wenige Werkzeuge notwendig. Jeder Garten von weniger als 1000 qm kann mit einer Schaufel oder einem Spaten, einer Harke, einer Gartenschnur, einem Satz Markierungspfähle, einer Axt und einer Gießkanne bearbeitet werden. Unser bevorzugtes Gartengerät ist ein kleiner Handkultivator.

Der Erfolg im Frühlings- und Sommergarten hängt davon ab, daß die Samen mit gut 0,5 cm Erde bedeckt und während des Keimens in der Erde gehalten werden. Sie müssen ihre Wurzeln so schnell wie möglich in die Erde ausstrecken und ihre Stiele durch die Erdoberfläche hinaufsteigen lassen. Wenn dieser Wachstumsprozeß einmal begonnen hat, müßte er ungehindert, stetig und schnell fortschreiten, während die Pflanze sich zu einem sich selbst reproduzierenden Teil des Lebensprozesses aufbaut.

Natürlich ist – wie bei anderen Dingen auch – das Wachstum der gedüngten Pflanzen um so schneller und ausgedehnter, je fruchtbarer der Boden ist. Offensichtlich gibt es eine optimale Ebene, über die hinaus größere Mengen an Dünger keine größeren Mengen und keine steigende Qualität des Produkts ergeben. Als wir Proben unserer Gartenerde an die Experten der Universität von Maine zur Analyse schickten, kam die Antwort: zu reichhaltig, Kompostgaben herabsetzen.

Viele Saatgutfirmen nennen auf ihren Samenpackungen die normale Entwicklungszeit für jede Pflanze. Eine besondere Fruchtbarkeit kann diese Lebensdauer ändern oder nicht. Wer den besten Ertrag erzielen will, muß experimentieren, um die Möglichkeiten in jedem einzelnen Fall zu bestimmen. Wenn man sich die hierfür notwendigen Ausgaben leisten kann, zahlt sich eine gute Fruchtbarkeit im allgemeinen in steigender Qualität und Quantität aus.

Gärten können in Reihen oder Beeten angelegt werden, aber man kann auch breitwürfig aussäen. Wir bevorzugen im allgemeinen Reihen und in bestimmten Fällen Beete. Hochwüchsige Pflanzen wie Stangenbohnen werden an Stangen oder Spalieren gezogen. In unserer schnelllebigen Zeit neigen heutzutage viele Gärtnerinnen und Gärtner dazu, kleinwüchsige Pflanzen oder Hügelpflanzen zu setzen und keine Spaliere, die mehr Mühe machen und etwas Zeit zum Aufstellen benötigen. Wir sind wohl in der Minderheit, aber wir benutzen mehr Spaliere und längere Stangen. Vor Jahren entschieden wir, keine Buschbohnen mehr anzupflanzen. Es ist so einfach, eine Reihe Buschbohnen zu pflanzen und viel mehr Mühe, die Stangen zu bekommen, sie einzusetzen und die Pflanzen an jeder Stange zu pflanzen. Trotzdem sind wir überzeugt, daß pro Quadratmeter Erde der Ertrag an Stangen besser ist als an Büschen.

Ein Abstand von etwa 70 – 80 cm zwischen den Reihen hat sich bei Buschbohnen als am günstigsten erwiesen. Bei Stangen haben wir mit 90 cm Zwischenraum begonnen. Bei 2,5 m langen Stangen im Abstand von 1,2 m blieben die sich entwickelnden Ranken größtenteils im Schatten. Wir versuchten es mit 1,3 m zwischen den Stangenreihen. Heute neigen wir zu einem Reihenabstand von 1,5 m und einem Stangenabstand von 1,5 m.

Bei gutem Wachstumswetter erreichen die Bohnen die Stangenspitze ziemlich früh in der Saison und bekommen dann weiter Ranken, Blüten und zusätzliche Früchte. Wir fragten uns, was wohl passieren wurde, wenn die Stangen 3,5 m anstatt 2,5 m hoch wären. Die Erfahrung hat uns überzeugt, daß die Durchschnittsstangenbohne in einer Durchschnittssaison eine 3,5 m hohe Stange mit Laub bedeckt und sowohl Blüten als auch reife Bohnen produziert. Heute experimentieren wir sogar mit noch höheren Stangen, in der Hoffnung, noch mehr Bohnen pro Stange zu ernten als je zuvor.

Wenn die Bohnen grün gepflückt und gegessen werden, ist eine größere Stangenlänge fraglich. Man würde eine Leiter brauchen, um sie zu pflücken. Aber wenn die Bohnen reifen und an den Stangen abtrocknen sollen, gibt es keine Ernte bis zum ersten Frost. Wenn der erste Frost naht, können die Wurzeln der Bohnen aus der Erde herausgezogen werden. Die Ranken werden an den Stangen gelassen, die Bohnen trocknen aus und lassen sich gut schälen.

Heute neigt man dazu, Zwergerbsen zu ziehen, die wir mit hochwachsenden Sorten verglichen haben. Unserer Erfahrung nach sind die hochwüchsigen sowohl im Geschmack als auch in der Ertragsmenge der Zwergversion überlegen. Sicherlich ist die Erntezeit an den hohen Erbsen länger. Solange eine hohe Rankerbse nicht vernichtet oder entwurzelt ist und solange sie blüht, wird sie eßbare Erbsen tragen.

Wer hohe Erbsen zieht, läßt diese oftmals an galvanisierten Drahtzäunen ranken. Sobald die Sonne höher steht, wird der Zaun heiß, und das bleibt er auch solange, wie die Sonne scheint. Die feinen Erbsenranken jedoch lieben ein kühles Klima und reagieren bei Verbrennungen empfindlich. Unter diesen Bedingungen haben wir 1,5 m – 1,8 m hohe Rankerbsen gewählt und sie an Reisern aus unserem Wald gezogen.

Wenn wir im Wald arbeiten und Bäume beschneiden oder fällen, begutachten wir jeden abgeschnittenen Ast. Wenn er flach und fächerförmig ist, legen wir ihn auf einen speziellen Haufen. Von Zeit zu Zeit nehmen wir uns aus diesem Haufen die geeignetsten Äste heraus, schneiden sie zurecht, spitzen sie mit dem Beil zu und lagern sie über dem Boden auf unserem Erbsenstaken-Gestell. Einige unserer Erbsenstangen sind 3 m hoch, und die Erbsenranken haben oft bis zu ihrer Spitze hinauf gereicht.

Wenn unsere jungen Erbsen 10 – 15 cm hoch sind, machen wir mit einer Stange ein Loch in den Boden, stecken den Ast hinein und klopfen ihn leicht mit der Stange fest. Wenn die ganze Reihe fertig ist, nehmen wir eine Schubkarre voll Grassoden und packen sie um die Erbsenstangen herum. Dies stärkt sie gegen Wind und versorgt die Erbsen gleichzeitig mit Mulch.

Am Ende der Erbsensaison sortieren wir die Stangen heraus und legen die besten auf ein Gestell, wo sie bis zur nächsten Saison bleiben. Die aussortierten Stangen heben wir bis zu einem trockenen, warmen Tag auf, sägen sie in 40 cm lange Stücke, legen sie in Pappkartons und lagern sie im Holzschuppen. Sie ergeben ausgezeichnetes Anmachholz für Feuer.

Schon am Anfang unserer Gartenerfahrungen lernten wir, daß schnellwachsendes Unkraut die Pflanzen oft überschattet oder überwuchert. Wenn Unkraut einen guten Start bekommt, kann die Zukunft des Gartens auf dem Spiel stehen. Wir kennen die verbreitete Theorie, alles wachsen zu lassen und die eßbaren Pflanzen herauszupflücken, wenn die Zeit da ist. Diesem Ansatz jedoch sind wir nie gefolgt.

Es gibt drei Wege, mit Unkraut umzugehen: Eine vorbeugende Maßnahme, die wir niemals praktiziert haben, besteht darin, Teerpappe (vom Bau) auf das Beet zu legen und für jede Pflanze ein Loch hineinzuschneiden. Eine andere Methode sieht so aus, jedes ausdauernde Unkraut mit der Hand auszureißen. Wir bearbeiten den Boden leicht mit dem Handkultivator– nach dem Regen und nach der Bewässerung. Wenn die Bearbeitung vorsichtig ausgeführt wird, bricht die Erdoberfläche außer in den gepflanzten Reihen auf, und keimendes Unkraut wird entwurzelt. Das ist eine Form von früher Geburtenkontrolle. So kann man jede Reihe von Zeit zu Zeit durcharbeiten, ausdünnen, wo es nötig ist und jedes Unkraut entfernen, das seinen Weg zwischen die Saatreihen gefunden hat. Unser Gemüsegarten bedeckt eine Fläche von 2500 qm. Wenn diese Fläche regelmäßig durchgearbeitet wird, besonders nach der Bewässerung, vermindert sich die Möglichkeit von Unkrautwachstum auf ein Minimum.

Nebensächlich für die Bearbeitung, aber von lebenswichtiger Bedeutung für das Wachstum ist die Anwendung von Mulch. Eine Reihe oder ein Beet mit Salat zum Beispiel steht kurz vor der Reife. Der Salat ist stetig und kräftig durch seinen gesamten Lebenszyklus gewachsen. Vor der Bodenbearbeitung oder Bewässerung kann eine leichte Kompostschicht, die lose zwischen die Salatpflanzen gestreut und mit der Hand eingearbeitet wird, die nötige Anregung schaffen, um gute Salatköpfe in prächtige Exemplare zu verwandeln. Mulchen ist keine Notwendigkeit. Die fragliche Pflanze mag in gutem Zustand sein, aber ein wenig zusätzliche Aufmerksamkeit könnte die schmale Kluft überbrücken, die das Gute vom Besseren und Besten trennt.

Mulch ist eine Schicht aus Streu, die über ein Stück Land verteilt wird, um das Wachstum unerwünschten Unkrauts zu verhüten, Verdunstung zu hemmen, die Erde an warmen Tagen kühl und an kalten Tagen warm zu halten, um Sonnenschein einzufangen und Extreme zu mildern. Jedes leichte, lockere Material kann als Mulch verwendet werden. Wir benutzen Zweige, Seegras, Heu, Stroh, Herbstlaub oder andere Streu. Bei Trockenheit verhindert ein Staubmulch die Verdunstung. Bei Kälte schützt ein Staubmulch vor starkem Frost.

Sonnenschein und frische, reine Luft sind das Wichtigste für das Wachstum der meisten Pflanzen. Ein dritter Faktor ist Wasser. Pflanzen und Tieren ist dieses Merkmal gemein: Ein großer Teil ihrer Masse besteht aus Wasser. Junge Pflanzen und neue Setzlinge sind besonders von einer entsprechenden Wasserversorgung abhängig. Gärten, die von einer künstlichen Bewässerung abhängen, können eingehen, wenn diese abgeschnitten ist. Pflanzenwachstum kann durch eine Über- oder Unterversorgung mit Wasser verzögert werden.

In Neu-England fällt im Jahr eine Niederschlagsmenge von ungefähr 115 cm als Regen und Schnee. Glücklicherweise ist sie während eines

Durchschnittsjahres gleichmäßig verteilt. Sicher gibt es nasse und trokkene Zeiträume, nasse und trockene Jahre, aber in mehr als vier Jahrzehnten Gärtnern in Neu-England haben wir nie einen allgemeinen Fehlschlag unserer Ernten gehabt, der dem Zuviel oder Zuwenig an Feuchtigkeit hätte zugeschrieben werden können.

*Nichts kann nützlicher oder anziehender sein als eine gut bestellte Farm.*

Cicero, De Senectute, 45 v.Chr.

*Sicherlich verdient derjenige viel Lob und Ehre, der eine große und unfruchtbare Domäne besitzt und sie durch eigene Mühe und Arbeit dazu bringt, außergewöhnliche Fülle zu erzeugen – nicht nur zu seinem eigenen Gewinn, sondern ebenso zu dem der Öffentlichkeit.*

Sir Richard Weston, in New England Magazine, no. 3, 1759

*In unserem gegenwärtigen unzulänglichen Zustand hat eine wohltätige Vorsehung den bescheidenen landwirtschaftlichen Erfolg nicht ausschließlich jenen gewährt, die mit hoher Intelligenz ausgestattet sind. Die Gesetze sind so freundlich entworfen, daß sogar die sich mühende Hand eines unerfahrenen Arbeiters durch einigen Ertrag belohnt wird, während großer Überfluß nur erwartet werden kann, wenn körperliche Anstrengungen von höchster Intelligenz geleitet werden.*

R.L. Allen, The American Farm Book, 1849

*Oh Sonne und Himmel und Wolken im Juni*
*und sämtliche Blumen im Juni zusammen –*
*Ihr könnt nicht eine Stunde lang*
*dem klaren blauen Wetter des Oktobers das Wasser reichen.*

Helen Hunt Jackson, Verses, 1884

*Solche Gärten entstehen nicht, wenn »Oh, wie wundervoll« gesungen und im Schatten gesessen wird.*

Rudyard Kipling, The Glory of the Garden, 1911

*Ein Garten ist ein Kunstwerk, das die Materialien der Natur verwendet.*

Anonym

*Die Blätter fallen früh in diesem Herbst, im Wind. Die Schmetterlingspaare sind schon gelb vom August.*

Ezra Pound, A Letter

# Der herbstliche Garten

In unserem Teil von Neu-England ist es üblich, das Pflanzen am *Decoration Day* (amerikanischer Heldengedenktag am 30. Mai) zu beginnen. Zunächst werden frostunempfindlichere Pflanzen gesetzt, und einige Wochen später folgen die empfindlicheren Sorten. Dies geht bis zum Mittsommer so weiter, und danach findet gewöhnlich kein Pflanzen mehr statt. Von der Ernte einmal abgesehen ist der August das Ende des Gartenjahres. Danach liegt das Land brach, man sät Zwischenfrüchte, oder das Unkraut breitet sich aus. Die hauptsächliche Gartenarbeit gilt damit bis zum nächsten Frühjahr als beendet.

Unsere Methode war ganz anders; sie ist der japanischen Gärtnerei sehr ähnlich. Dort ist das Land so begrenzt, daß die Menschen mit dem Boden drastisch haushalten müssen. Wenn sie eine Rübe pflücken, pflanzen sie Salat oder etwas anderes an den frei gewordenen Fleck. Wenn wir einen Teil eines Beetes oder einer Reihe abernten, tun wir bis in den September hinein das Gleiche. Wir pflanzen im Frühjahr, wir pflanzen im Sommer, und wir pflanzen im Herbst. Sobald Pflanzraum von geernteten Frühsommerfrüchten und -wurzeln frei geworden ist, pflanzen wir sofort irgendeine andere Frucht, die spät gesetzt werden kann und vor oder während leichtem Frost noch reift.

Die Herbsttage bei uns sind sonnig und frisch – in der Temperatur ähnlich wie die ersten Frühlingstage. So pflanzen wir im Spätsommer und im frühen Herbst die gleichen Gemüsesorten, die im Frühling gedeihen und somit im Herbst Zeit zum Reifen haben werden: Rüben, Rettich, Grünkohl, Senf, Spinat sowie Frühkohl als grünes Blattgemüse. Sogar spät im Herbst gepflanzte Kartoffeln reifen noch zu fingerdicken Köstlichkeiten heran. Alle diese Pflanzen sind winterhart; viele von ihnen wachsen und gedeihen bis zu Nachttemperaturen von –7° C. Einige Samen werden nicht mehr keimen, und einige werden durchkommen und später abfrieren. Aber viele werden keimen und wachsen. Die Ergebnisse unserer Pflanzungen im Herbst sind die Mühe, die Zeit und die geringen Kosten fürs Experimentieren wert gewesen.

Das bedeutet, daß im September und Oktober, wenn die meisten anderen Gärten leer oder voller Unkraut sind, unser Garten voller lebendiger Pflanzen ist. Der Herbstgarten kann fast so grün sein wie der Frühlings- oder Sommergarten. Viele Gärtnerinnen und Gärtner halten dies für unmöglich. Bei Besuchen in unserem Herbstgarten sind viele darüber erstaunt, welche Mengen an Gemüse noch in der Erde sind. Eines Tages spät im September besuchten uns Mitglieder eines örtlichen Gartenvereins. Im Garten war kaum ein Quadratmeter freie Fläche zu sehen. Sie riefen: »Ihr Garten ist so grün, wie er im Juni war. Es sieht aus wie im Frühling, und wir haben fast Oktober. Wie machen Sie das?« Unsere Antwort ist einfach: weiterpflanzen.

Frühzeitig im Sommer, wenn Senf, Salat, Spinat und Bundzwiebeln vom Garten in die Küche wandern, ersetzen wir diese durch Wurzelfrüchte wie Rüben und Rote Bete, die wiederum Platz für junges Grünzeug für den Herbst schaffen. Zur gleichen Zeit im Frühherbst, wenn die unempfindlichen Pflanzen als Samen in den Boden kommen, ist es möglich, Salat, Endivien, Chinakohl und Sellerie aus Setzkästen in die Gartenbeete umzupflanzen. Diesem System folgend kann der Herbstgemüsegarten mehrere Monate lang frisches Grün und Wurzelfrüchte liefern, nachdem die ersten Fröste Kürbis, Bohnen- und Tomatenspaliere erledigt haben und so den Frühlings- und Sommergarten beenden.

Mit etwas Voraussicht und ein paar Jahren Erfahrung weiß man, was zu erwarten ist und wann der nötige Fruchtwechsel stattfinden sollte. Hier ein Beispiel: Frühe zarte Erbsen werden geerntet und gegessen, die Ranken können Anfang Juli aus dem Boden gezogen werden. Wir ersetzen sie sofort durch die frühe Etappe des Herbstgartens. Obwohl es immer noch eßbare Erbsen und sogar noch Erbsenblüten an den Ranken gibt, beschließen wir, daß der besetzte Raum ertragreicher genutzt werden könnte. Wir bestimmen den Tag, an dem sie herausgezogen werden.

Anstelle wie gewöhnlich einzelne Schoten zu pflücken, ziehen wir die ganzen Pflanzen heraus, streifen alle Schoten ab und teilen diese auf drei Behälter auf: die überreifen Erbsen zum Trocknen und Lagern für den Wintergebrauch, die reifen Erbsen für die Suppe und die wenigen verbleibenden jungen Erbsen und grünen Schoten für den täglichen Salat.

Gleichzeitig lockert ein Mitglied der Gartengruppe mit einer leichten Hacke den Boden, wo die Erbsenranken waren, und zieht Unkraut heraus. Jemand anderes folgt mit der Harke, häuft Unkraut und trockene Ranken in die Schubkarre und bringt sie zum Komposthaufen. Auf dem Rückweg wird so viel Kompost mit zurückgebracht, daß es für eine 2,5 cm hohe Schicht auf der Fläche, von der die Erbsen und Unkräuter entfernt worden sind, reicht. Mit einem Hand-Kultivator werden Kompost und ein wenig Stickstoffmehl in die frühere Erbsenreihe eingearbeitet.

Als nächstes öffnet man mit einer einfach zugespitzten Hacke am Kultivator eine Furche entlang der früheren Erbsenreihe. Wir säen Spinat oder irgendein anderes kurzzeitiges und winterhartes Gemüse in die Reihe, die noch vor ein paar Stunden mit Erbsen besetzt war.

Dieser Vorgang ist schnell beendet. Alle Mitglieder des Teams – ganz gleich ob es zwei sind oder zehn – verstehen, was vor sich geht, alle stimmen im Prinzip überein, auch wenn sie im Detail anderer Meinung sein mögen. Aber je schneller die Erbsensaison zu einem schnellen Ende gebracht und durch Spinat oder ein anderes schnellwüchsiges Gemüse ersetzt wird, desto besser. In weniger als vier Stunden eines einzigen Morgens hat der Sommergarten die Bühne verlassen und der Herbstgarten hat sie betreten.

Ähnliche Vorgänge, die wiederholt werden, sobald eine Reihe entfernt ist, markieren das Ende des Sommergartens und den Beginn des Herbstgartens, Reihe für Reihe, ohne viel Zeitverlust oder unproduktive Bewegungen.

Die Vorbereitungen für den Herbstgarten finden im Juli und im gesamten August statt. Die Ernte beginnt im frühen Herbst und reicht über zwei oder drei Monate, bis die Nachtfröste so stark sind, daß sie das Wachstum hemmen oder gänzlich verhindern.

Sellerie, Petersilie und Spinat überstehen mäßige Fröste im Garten. Brokkoli, Blumenkohl, Chinakohl und winterharte Kohlsorten können auch starke Fröste überleben. Man läßt sie im Boden mit ihren Wurzeln auftauen und erntet sie dann. Werden sie abgeschnitten, solange sie noch gefroren sind, werden sie schlaff. Wenn die äußeren Blätter von Kohl oder Chinakohl durch Frost geschädigt sind, sollte man diese Blätter entfernen. Sogar nach einer Nacht mit sehr starkem Frost können solche Pflanzen frisch und völlig eßbar sein, wenn sie vor dem Abschneiden auftauen. Durch Südwinde und sonnige Tage werden die Bedingungen für die Pflanzen durch Tauwetter im Herbst und Winter, was manchmal Tage andauern kann, erleichtert.

Ein Mulch aus Heu, Stroh, Blättern und/oder immergrünen Zweigen, der an besonders kalten Herbstnächten auf den Feldfrüchten verteilt wird, kann einen wirksamen Schutz gegen die Kälte schaffen. Ganz gleich, ob eine Salatpflanzung mit einer Schicht Herbstblätter oder einer Bettdecke bedeckt wird – alles wird dabei helfen, den Frost abzuhalten. Wir haben einen Haufen von Birken-, Buchen- oder anderen kleinen Blättern trocken und bereit. Wenn sie frühzeitig vor einer frostigen Nacht über ein Beet mit Grünpflanzen gestreut werden, können die Pflanzen sogar einen Frost von unter –12° C überstehen.

Früher oder später – sobald der Herbst auf kühles Novemberwetter umschaltet – wird der Garten etwas von seiner grünen Frische verlieren und allmählich erstarrt aussehen, aber je länger man diesen Tag aufschiebt, desto länger kann man frische Nahrung aus dem Herbstgarten bekommen. Noch während der späten Herbst-Winter-Gartenperiode kann man mit etwas Geschick einen Blumenkohl erwischen und hier und da eine winterharte Grünkohlpflanze. Man kann auch frischen Spinat und Salate und Rettiche pflücken, die ihre Anstrengungen noch nicht aufgegeben haben und die wenigen Stunden, die zwischen der frostharten Erde am Morgen und dem Verschwinden der Sonne am Nachmittag liegen, nutzen, um zu wachsen.

Wer zum Experimentieren im Winter-Garten bereit ist, wird oft die Gelegenheit haben, frische Pflanzen unter einer Schicht von Mulch und leichtem Schnee ausgraben zu dürfen. Hier in Maine hatten wir ganze Reihen von Salat, Spinat, Petersilie und Brokkoli, die den Winter überstanden hatten und wieder auftauchten, sobald die Schneedecke verschwand. Rosenkohl, Kohl, Raps, Weizen und Roggen überstehen die Winter in Neu-England fast selbstverständlich, besonders wenn ihnen mit einer leichten Bedeckung aus Heu, Stroh oder Herbstlaub geholfen wird.

Wenn unser Garten vom Frühling über den Sommer in Herbst und Winter überging, begegneten wir einem Problem, das die meisten Leute als unlösbar bezeichnen würden. Sicherlich werden Wachstum, Blüte und Fruchtstand durch kalte Nächte behindert. Dies war uns bewußt, als wir unsere Experimente mit Kaltwettergärten begannen. Wir akzeptierten diese Umstände und haben seit den Tagen, als sämtliche Gartengeräte eingepackt wurden, sobald das Thermometer auf 0° C fiel, trotz einiger Rückschläge gute Fortschritte gemacht. Die Erfahrung überzeugte uns, daß beachtenswerte Erfolge mit bestimmten winterharten Pflanzen möglich sind.

Viele der heutigen Salatsorten überstehen Minustemperaturen, wachsen weiter und bilden Köpfe. Rote Rüben haben eine mindestens fünfzigprozentige Chance, eßbare Wurzeln zu entwickeln, bevor sie vom Frost in einer permanenten Winterstarre gehalten werden, die die Erde sogar am sonnigen Nachmittag gefroren hält. Lange nachdem diese im Herbst gepflanzten Sämlinge ihren Kampf gegen den Winter in Neu-England aufgegeben haben, werden Pastinaken und Chicorée, Sellerie, Chinakohl und Rosenkohl überleben. Wenn der Grund einmal tief gefroren war, können bei späterem Tauwetter Pastinaken und Chicorée herausgeholt und in die Küche gebracht werden.

Wir haben unser Gärtnern im Freien Jahr für Jahr auf immer längere Zeiträume ausgedehnt, bis schwerer Frost die Erde verdichtete. Wir beabsichtigen, unsere Experimente mit winterharten Pflanzen im kühlen Herbst von Maine und in seine kalten Winter hinein fortzusetzen, wobei wir – besonders bei veränderlichen Wetterbedingungen – niemals absolut sicher sein können, was überleben wird. Nur die Erfahrung wird uns eine angemessene Sicherheit geben. Aber unsere Bemühungen bis heute lassen erkennen, daß wir zumindest ein wenig Erfolg erwarten können. Jedes Mal, wenn wir einen frischen Salat essen, der aus unserem Herbst-Winter-Garten stammt, haben wir wieder eine Sicherheit mehr, daß wir auf dem richtigen Weg sind.

*Der Frühling besucht diese Gegend nie sehr zeitig. Der Sommer gibt eine sehr gelinde Wärme, und er vergilt sein langsames Nähren der Früchte mit ihrem freundlichen Reifen. Der Herbst bringt die Ernte ein wenig spät. Im Winter können wir nicht sagen, daß Frost und Schnee sehr selten kommen und schnell verschwinden.*

*Richard Carew, The Survey of Cornwall, 1602*

*Schnee ist für den Boden im Winter wohltuend, da er verhindert, daß dieser bis in solche Tiefen gefriert, wie es sonst geschehen würde. Er beschützt das Wintergetreide und anderes Gemüse gut vor der Gewalt plötzlicher Fröste, vor schneidenden und austrocknenden Winden. Je länger im Frühling Schnee liegt, desto vorteilhafter ist dies für Gemüse und andere Pflanzen. Dort wo eine Schneebank sehr lange lag, wird das Gras früher sprießen und grünen als auf Teilen des gleichen Feldes, die früher bloß lagen.*

*Samuel Deane, The New-England Farmer, 1790*

*Ich kann mir keinen Frühling in einem Land vorstellen, das keinen Winter hat. Ich erkenne meinen Winter froh an, um den Frühling als lebhafte und frische Erfahrung zu erleben.*

*Odd Farmwife, The Old Farmhouse, 1913*

*Man sagt, daß Land unter Glas an Gartenfrüchten 50 mal produktiver sei als offener Boden. Sicherlich ist Glas die Lösung des Problems von frischem Wintergemüse. Denn nur mit dem Mistbeet mit zwei Rahmen darüber, in dem wir Tomaten, Paprika und andere Sämlinge ziehen, können wir die Herbstversorgung bis nach Weihnachten hinaus verlängern.*

*Henry Tetlow, We Farm for a Hobby and Make It Pay, 1938*

*Das Vergnügen von ganzjährigem Gärtnern ist eines der besten Beruhigungsmittel, die es gibt. In einer angespannten und frustrierten Welt kann man ein Gewächshaus betreten, die Tür schließen und sich von all den Problemen der Welt abkehren. Es hat etwas Beruhigendes, Sämlinge in die Erde zu stecken und Pflanzen unter Glas zu pflegen, während Regentropfen und Schneeflocken gegen die Scheiben fallen.*

*George und Katy Abraham, Organic Gardening Under Glass, 1975*

# Der Garten im Winter

Unsere Bemerkungen über das Gärtnern im Herbst wurden in einer Gegend geschrieben, die nicht mehr als 105 frostfreie Tage im Jahr erwarten kann; an 260 Tagen und Nächten dagegen ist Frost möglich und/oder wahrscheinlich. Einer der einfachsten Wege, die frostfreie Zeit für Pflanzen zu verlängern, ist eine Überdachung aus Glas oder einem Material mit ähnlicher Transparenz, das Sonnenstrahlen durchläßt und die Wärme im Innenraum festhält, die sonst nach Sonnenuntergang verschwindet.

Kompliziert wird das Problem durch die Unregelmäßigkeit des Sonnenlichts. Wenn jeder Tag sonnig wäre und man sich nur auf die Nachtkälte einstellen müßte, wäre die Antwort eine leichte Bedeckung bei Nacht. Das Herbst- und Winterwetter in Neu-England aber hat ein Minimum an klarem Sonnenschein und ein Maximum an Wolken, Dunst, Nieselregen, Regen und Schnee. Es gibt Perioden im Frühjahr und Frühsommer, wo wir die Sonne sieben Tage lang hintereinander nicht ein einziges Mal zu sehen bekommen. Solche Zeiträume können sich Ende des Winters und zu Frühlingsanfang auf Wochen ausdehnen; dann ist die Sonne eine Rarität, die Tagestemperaturen steigen auf knapp über dem Gefrierpunkt, während die Nachttemperaturen regelmäßig bis auf –6° C fallen. Im tiefen Winter fallen die Temperaturen natürlich manchmal bis weit unter –20° C.

Die Notwendigkeit, Pflanzen vor Kälte zu schützen, hat uns zum Bau von Beetkästen inspiriert – Holzrahmen mit Glas oder einem anderen transparenten Material nahe dem Erdboden. Mit etwas freier Zeit und einigen gebrauchten Materialien kann man ohne weiteres die eine oder andere Form solcher Rahmen-Gewächshäuser selbst herstellen. Sonnengeheizte Gewächshäuser sind im Prinzip nichts anderes als eine größere Form dieser kalten Kästen. Wenn sie in Form eines Schuppens an der

Süd- oder Westseite eines Gebäudes oder an einer Wand befestigt werden, sind sie zur Sonne hin offen, gegen Nordwinde geschützt und sammeln die Wärme, die die Sonne ausstrahlt. Oft wird es im Winter in unserem Gewächshaus zwischen 12 und 15 Uhr so warm, daß wir dort ein Sonnenbad nehmen können.

Beginnen wir mit der Konstruktion unseres Gewächshauses. Da wir Steinmauern mögen und in den meisten Teilen Neu-Englands viele Feldsteine zu finden sind, bauen wir unsere Gewächshäuser im allgemeinen aus Stein. Unser sonnenbeheiztes Gewächshaus in Maine ist auf einem Beton- und Steinfundament gebaut, das 40 cm dick und somit tief genug ist, daß keine Frosthebungen entstehen. Das Gewächshaus ist nach Süden ausgerichtet. Die nördlichen und östlichen Wände bestehen vom Fundament bis zum Dach aus Stein und Beton. Die südlichen und westlichen Wände sind aus überzähligen Sturm-Fensterrahmen gebaut. Das geneigte Wetterdach besteht aus Glas und wird von 5 x 10 cm dicken Zedernholzsparren getragen; es ist knapp 3 m breit und etwa 14 m lang.

Das Dach besteht aus Doppelglas-Fensterscheiben, die ungefähr 40 x 60 cm groß sind. Beide Kanten auf einer 5 cm-Seite eines jeden Sparren wurden durch eine gut 1 cm breite Nut ersetzt, in der das Glas sitzt. Jede Glasscheibe überlappt die darunterliegende Scheibe um etwa 2,5 cm und wird von Stiften und Glaskitt gehalten. Die Sparren lassen den Glasscheiben genügend Platz, damit sie bequem in die Nut passen.

Das einfache Wetterdach unseres Gewächshauses in Maine hat eine Neigung von 10°; dies ist ausreichend, damit das Wasser ablaufen kann und Eis und Schnee im allgemeinen keine Probleme bereiten. An der Außenseite der Nordwand haben wir einen gut erreichbaren Steg angebracht, von dem aus wir das Dach von Eis und Schnee frei halten können. Bei einem Schneesturm warten wir, bis der Schnee aufgrund der Wärme des Gewächshauses von selbst nach unten gleitet. Dann lockern wir die Schneedecke Schicht für Schicht mit einem leichten Holzschieber auf und schieben die Schneeklumpen das Dach hinunter. Dies ist nur möglich, wenn die Innentemperatur des Gewächshauses über dem Gefrierpunkt liegt.

Durch die Betonfundamente und die Stein- und Betonwände, die die Nord- und Ostseiten schützen, wird im Gewächshaus eine Tagestemperatur erreicht, die um 10° C höher liegt als die Außentemperatur. An hellen, sonnigen Tagen ist der Unterschied zwischen drinnen und draußen noch viel stärker – wenn kein strenger Wind weht, bis zu 20° C. Die

Steine in den Nord- und Ostwänden fungieren als Heizkörper: Tagsüber absorbieren sie die Wärme, und nach Sonnenuntergang, wenn die Innen- und Außentemperaturen sich einander angleichen, geben sie sie ab.

Glasglocken für einzelne Pflanzen, kalte Kästen und gewöhnliche Gewächshäuser haben zwei Nachteile: Erstens sind die Anfangskosten zu berücksichtigen, und zweitens kann Glas immer zerbrechen. Wer ein Gewächshaus aus Glas baut, sollte dies bei der Planung immer mit einkalkulieren. Wenn eine Plastikbedeckung ein paar Jahre lang halten würde, könnten Gewächshäuser damit viel billiger gebaut werden. Wir allerdings haben für uns entschieden, daß Plastik nicht dauerhaft und zuverlässig genug ist, um es für ein Gewächshaus zu verwenden. Wer ein Gewächshaus baut, muß also vorerst die potentiellen Kosten für Ersatzglas mit einkalkulieren. Mit etwas Vorsicht und Glück allerdings läßt sich Glasbruch auf ein Minimum reduzieren, was die Kapital- und Arbeitskosten, die für Gewächshaus-Konstruktionen notwendig sind, mehr als rechtfertigt.

Mit einem gut konstruierten und gut belüfteten Solar-Gewächshaus kann man den Zeitraum, in dem eine Familie in Neu-England sich mit Frischkost versorgen kann, um Monate verlängern. Von November bis März ist die Versorgung aus dem Garten unwahrscheinlich. In dieser Periode ist der Garten am wenigsten in der Lage, frisches Gemüse für die Vorratskammer zu erzeugen. Hier kann das Gewächshaus die Lükken füllen.

Das traditionelle Gewächshaus enthält Bänke, auf denen Töpfe, Saatkästen und andere Behälter in Hüfthöhe stehen, so daß diese bequem erreichbar sind. Wenn es sich bei den Gewächshauspflanzen hauptsächlich um eingetopfte oder im Saatkasten gepflanzte Blumen handelt, mag diese Methode gut sein, aber in einem Gewächshaus wie unserem – in dem vielerlei Gemüse produziert werden soll – scheint es praktikabler zu sein, den Gewächshausboden auf Erdniveau zu halten, um die volle Höhe des Gebäudes ausnutzen zu können.

Es gibt drei Möglichkeiten für den Gewächshausboden, vorausgesetzt, das Gewächshaus ist ein Teil des Gartens: Er kann auf gleicher Höhe sein wie die Gartenerde, oder er kann darüber oder darunter liegen. Ein aufgeschütteter Gewächshausboden liegt oberhalb des Gartenniveaus. Unser Gewächshausboden liegt auf gleicher Höhe wie der umgebende Garten. Manche schwören auf Gruben-Gewächshäuser und behaupten, diese seien wärmer und in der Temperatur gleichmäßiger. Nach Sonnenuntergang dauert es länger, bis solche Gewächshäuser auskühlen, und am nächsten Tag steigt die Temperatur schneller wieder, weil die Erde in der Grube wärmer ist als die Außenluft.

Andererseits sammeln sich Feuchtigkeit und stehendes Wasser auf dem Gewächshausboden, wenn es nicht gut angelegt und drainiert ist. Im günstigsten Falle ist ein Gruben-Gewächshaus nur feucht. Wir bleiben dabei, daß, wo immer man die Gewächshausebene selbst bestimmen kann, es leichter und logischer ist, den Boden auf dem gleichen Niveau zu halten wie den umgebenden Garten, als ihn auf einem höheren oder niedrigeren Niveau anzulegen.

Wir gehen einen Schritt weiter und legen in unserem sonnenbeheizten Gewächshaus keinen gesonderten Fußweg an. In einem etwa 3 m langen Gewächshaus bedeckt ein 50 cm breiter Fußweg ein Sechstel der gesamten Grundfläche. Wer beispielsweise Tomaten im Gewächshaus zieht, kann die eigene Ernte um 16 % steigern, indem der Fußpfad abgeschafft wird und man einfach zwischen die Pflanzen tritt. Bei uns ist kein Stück des Gewächshausbodens ein ständiger Trampelpfad. Die Wurzeln bedecken die gesamte Gewächshaus-Fläche, und mit jeder neuen Pflanzung wechselt der Pfad.

Unser erstes Glashaus bauten wir in Vermont, um unseren Sämlingen einen frühen Start zu ermöglichen. Unser jetziges Glashaus in Maine versorgt uns im Sommer mit Tomaten, Paprika und Auberginen. Und auch im Herbst, im Winter und im Frühling beschenkt es uns mit frischem Grün.

Manchmal fangen wir im März an – je nachdem, wie streng oder mild das Klima ist – kurze Reihen im Gewächshaus auszusäen. Bei diesen Samen können schnellwüchsige Sorten wie Senf, Rettich und früher Kohl sein. Sie alle werden als Salatgrün verwendet, sogar wenn sie noch winzig sind. Sobald sie in der Saatreihe gut aufgegangen sind, werden Zwiebeln, Lauch und Petersilie in Pflanzkästen umgepflanzt, einige Wochen dort gelassen und dann direkt in den Garten umgesetzt, sobald sie für ein erneutes Umpflanzen groß genug sind.

Am Ende des Winters und zu Beginn des Frühjahrs spielen Kästen voller junger Salat-Setzlinge bei der Versorgung mit frischem Grün eine wichtige Rolle. Wenn möglich, sollte der Samen des winterhärtesten Salates im September oder Oktober in Setzkästen ausgesät und ins Gewächshaus gebracht werden, wenn das Wetter das weitere Überleben im Freien bedroht. Diese Pflanzen von 5 – 7 cm Höhe und mit kräftigen Wurzeln können im Abstand von 15 – 18 cm in Gewächshaus-Kasten und/oder in Gewächshaus-Beete umgepflanzt werden. Sie sollten dann gepflanzt werden, wenn die Gewächshaus-Temperatur so hoch ist, daß die Pflanzen anwachsen können und sie bereits so weit an kühle Nächte bzw. sogar kühle Tage gewöhnt sind, daß sie weiter wachsen können, wenn es kälter wird.

Die besten Salate für diesen Zweck sind solche mit dünnen Mittelstielen und kräftigen Blättern, die keine Köpfe bilden. Viele Salatsorten haben dicke, saftige Mittelrippen, die leicht gefrieren, da sie feucht und dick sind. Je trockener Blattgewebe und Stamm sind, desto weniger werden diese Teile durch den Übergang von Wasser zu Eis beschädigt. Wir haben bestimmte Salatsorten getestet, die erwartungsgemäß harte Fröste in einem unbeheizten Gewächshaus von Dezember bis März überstehen und die ihr Wachstum beginnen, sobald die Sonne im März/April höher steht und wärmer wird.

In den meisten Jahren können wir Mitte März anfangen, einzelne Blätter von allen geeigneten Sorten zu pflücken und sie als Salat zu verwenden. Wir können ebenfalls die äußeren Stiele und Blätter von Petersilie und Kohlpflanzen entfernen, die im Oktober im Boden des Gewächshauses gepflanzt wurden. Während der kältesten Zeit des Winters ist das Wachstum minimal, aber die Pflanzen überleben. Manchmal halten wir im Gewächshaus den ganzen Winter über besondere Saatkästen mit kleinen Setzlingen bereit, um sie als Ersatz für jede Pflanze in den Gewächshausreihen zu verwenden, die es nicht schafft.

Im Winter-Gewächshaus bringen wir ebenfalls einige größere Pflanzen unter, die sich dem erniedrigenden Prozeß des »Versetzens« fügen. Das ist ein Verfahren, in dem die Pflanze ausgegraben und mit unbeschädigten Wurzeln wieder eingepflanzt wird. Wenn dies sorgfältig getan wird, sollte die Pflanze so kräftig und farbenprächtig wie jede andere Pflanze ihrer Sorte und ihres Alters im ursprünglichen Boden sein, obwohl das weitere Wachstum geringer ist.

Wir könnten den Vorgang am Beispiel eines Beetes mit gigantischen Lauchstangen illustrieren, die im Gewächshaus im letzten März gepflanzt, hinaus in den Garten und wieder zurückgebracht wurden und die wir nun ein Jahr später, im Frühling 1978, essen. Sie verbrachten einen Sommer des Wachstums während des Jahres 1977 im Garten, trotzten den frühen Frösten im September/Oktober und erreichten die erste Novemberwoche in einem ausgezeichneten Gesundheitszustand, als wir beschlossen, sie unter Dach und Fach zu bringen.

Wir wählten einen wolkigen, feuchten Tag, so daß die Erde um den Lauch feucht war und an den Wurzeln haftete. Wir zogen eine 20 cm breite und 15 cm tiefe Furche in den Boden des Gewächshauses. Dann gingen wir mit der Schaufel zum Lauchbeet im Freien und gruben vorsichtig eine Lauchpflanze heraus, verletzten ihre Wurzeln so wenig wie möglich und erhielten einen Erdballen um die Wurzeln. Wir trugen den Erdballen mit der Lauchpflanze vorsichtig auf der Schaufel ins Gewächshaus und pflanzten sie in den frisch gezogenen Graben ein, füllten die Erde um den Lauch herum und trampelten mit den Füßen fest auf die Erde.

Dann ging es mit der Schaufel zurück zum Lauchbeet, wo wir eine zweite Lauchpflanze herausholten und sie so nahe wie möglich neben die erste einpflanzten. Wir wiederholten diese Prozedur, bis der Graben gefüllt war. Es gab Platz für ein zweites Dutzend, und wir setzten noch mehr in der gleichen Weise um. Sobald der Umzug beendet war, bewässerten wir den Lauch ein wenig. An diesem Tag und während der folgenden Tage und Wochen welkte keine einzige Pflanze, und keine sah durch das Umsetzen irgendwie geschädigt aus. Die Pflanzen, die das Abernten während des Winters überlebten, waren Mitte April 1978 im Gewächshaus noch immer grün und kräftig.

Auch unsere Petersilienpflanzen haben wir ausgegraben und umgesetzt, mit hundertprozentigem Erfolg. Das Umsetzen von Salaten vom Garten ins Gewächshaus dagegen gelingen uns nicht so gut, aber auch von diesen Pflanzen überleben mindestens die Hälfte.

Mit Sellerie hatten wir noch weniger Erfolg. Während des Sommers 1975 zogen wir aus Samen mehrere Reihen feiner Selleriepflanzen. Wir hatten ungefähr zwei Dutzend Sommerpflanzen, die etwa 90 cm hoch gewachsen waren und vielversprechend aussahen. Einige dieser Pflanzen wogen fast fünf Pfund. Wir gruben die Pflanzen aus und setzten sie im frühen November ins Gewächshaus um. Sie reagierten auf den Wechsel ziemlich schlecht. Trotz ausreichender Wässerung erlangten sie die Standkraft ihres Daseins im Freien nicht wieder, aber sie blieben am Leben. Ihre Blätter und Knollen waren bis Februar eßbar, als sie den Kampf aufgaben und nach einem heftigen Einbruch von starkem Frost zusammenbrachen. Mittlerweile hatten wir drei Monate lang ausgezeichneten Sellerie von umgesetzten Pflanzen gegessen.

Wer im Herbst und Winter gärtnert, muß sich nicht mit halbwinterharten Pflanzen abgeben, die Temperaturen knapp unter dem Gefrierpunkt nicht überleben. Durch eigene Erfahrungen lernt man, welche Sorten die Kälte überstehen werden und welche nicht. Wir fanden, daß reife Grünkohl-Pflanzen nach ungefähr 60 Wintertagen erfrieren. Chinakohl hält noch einen weiteren Monat aus. Petersilie und Kopfsalat überlebten kalte Winter im Gewächshaus und nahmen ihr Wachstum wieder auf, als die Außentemperaturen im Frühling wieder anstiegen.

Wenn die Experimente fortschreiten und neue winterharte Sorten von »exotischen« Pflanzen durch Auswahl und Kreuzung entwickelt sind, werden die im Herbst und Winter verfügbaren Pflanzen sowohl an Zahl als auch an Unempfindlichkeit steigen.

Für diejenigen, die das Geld und die Möglichkeiten besitzen, ist der Anbau in geheizten Gewächshäusern immer ein Ausweg und kann weitergeführt werden, solange es Elektrizität gibt. Hier beschäftigen wir uns mit Herbst- und Winteranbau in sonnengeheizten Gewächshäusern. Wir bevorzugen sonnenbeheizte Gewächshäuser und arbeiten lieber mit Mutter Natur zusammen als mit der Elektrizitäts- und Ölgesellschaft.

*Was kostet das alles, wenn man gut wirtschaftet?*
*Wichtig ist vor allem die rechte Vorratshaltung.*
*Von anderen Dingen lasse ich vieles weg;*
*dies kostet den Bauern keinen Pfennig.*

*Thomas Tusser, Five Hundreth Pointes of Good Husbandrie, 1557*

*In einem Haus, wo es Fülle gibt, ist das Essen bald gekocht.*

*Miguel de Cervantes, Don Quixote, 1605*

*Man sammele die Äpfel zum Lagern bei Vollmond. Man lasse sie zehn Tage auf Stroh ausschwitzen, um sie dann in Kleie zu packen.*

*Anonym, West Country Herbal, 1631*

*Die unzähligen Bequemlichkeiten, welche ein wohl gerichteter Garten und Keller bringen... Alles so nah bei der Hand, leicht zubereitet und von so einfacher Verdaulichkeit, daß weder der Geist beleidigt wird noch die Sinne abstumpfen.*

*John Evelyn, Acetaria, 1699*

*Es gibt keinen Zweifel, daß die bei weitem wirtschaftlichste Möglichkeit der Versorgung eines Haushaltes mit dem Lebensnotwendigen darin besteht, einen Vorrat für die Woche oder den Monat anzulegen, anstatt von Stunde zu Stunde zu kaufen, wie es so viele tun.*

*One Who Makes Ends Meet,*
*Economy for the Single and Married, 1845*

# Winterlagerung

In unserem Teil von Maine besteht für Pflanzen eine erhebliche Frostgefahr. Mehr als ein halbes Jahr lang müssen frostgefährdete Nahrungsmittel gelagert oder anderweitig geschützt werden. Der Erfolg eines Gartenjahres hängt in der Tat zum großen Teil davon ab, wie verderbliche Nahrung vom Zeitpunkt ihrer Produktion bis zum Zeitraum ihres Verbrauchs aufbewahrt werden kann.

Wie einige Gemüsesorten im Winter-Gewächshaus frisch gehalten werden können, wurde im vorhergehenden Kapitel beschrieben. Eine noch einfachere Methode besteht darin, das widerstandsfähigste Gemüse im Boden zu lassen. Pastinaken und Topinambur zum Beispiel überwintern auf diese Weise besser als auf irgendeine andere uns bekannte Art. Sie können ausgegraben und gegessen werden, wann immer das Tauwetter dies erlaubt. Sie können auch vor dem ersten Frost am Anfang des Winters ausgegraben werden; dann sind sie nicht so süß. Ungefroren sind Pastinaken so mild wie durchschnittliche Rüben. Frost verwandelt die darin enthaltene Stärke in Zucker und macht die Knollen schmackhafter. Dies trifft sowohl auf Topinambur zu als auch auf Pastinaken.

Wer Pastinaken und Topinambur mag, hat eine Periode von vielleicht einem Monat, vom ersten Frühlings-Tauwetter an, in der die Hauptknolle ausgegraben und roh gegessen oder gekocht werden kann. Wenn der Frühling naht, treibt die Pflanze kleine Seitenwurzeln von der Hauptknolle aus; dadurch wird sie faseriger und weniger süß. Unter normalen winterlichen Bedingungen in Maine ist es das Beste, Pastinaken und Topinambur auszugraben und sofort zu essen, sobald die obere Erdschicht frostfrei ist. Während einer Tauwetter-Periode im Winter können sie von Nagetieren oder anderen Tieren gefressen werden; in sehr kalten Jahren können sie sogar abfrieren.

Schwarzwurzeln können im Boden überwintern. Wie Pastinaken schmecken Schwarzwurzeln am besten direkt nach Ende des Winters, bevor die neuen Haarwurzeln erscheinen.

Fast alle Wurzelfrüchte, die im normalen Hausgarten wachsen, außer Kartoffeln, überstehen mäßige Fröste. Einige werden durch einen leichten Frost geschmacklich verbessert. Die meisten werden erst durch mehrere harte Fröste hintereinander ernstlich geschädigt, wenn die Beete nicht gut gemulcht waren.

Wer sich in Maine selber versorgen möchte, ist gut damit beraten, die eigene Nahrung möglichst lange im Herbst und möglichst früh im Frühjahr direkt aus dem Garten zu beziehen. Unter besten Bedingungen wird die winterliche Frostlücke an gartenfrischem Gemüse vielleicht drei Monate dauern. Um die Knollen im besten Zustand zu erhalten, ist die richtige Lagerung während dieser kalten Periode von wesentlicher Bedeutung.

Die meisten Farmen in Neu-England sind mit irgendeiner Art von Keller ausgestattet. Falls der Keller eine Heizung oder andere Wärmequellen enthält, ist dieser Ort für die Lagerung von verderblichen Pflanzenprodukten wahrscheinlich zu warm. Sogar wenn die Heizanlage vom restlichen Keller durch eine Betonwand getrennt ist, kommt ein solcher Keller für Lagerzwecke nicht in Frage.

Professionelle Lagereinrichtungen sind mit Klimaanlagen ausgerüstet, die im Sommer wie im Winter eine gleichmäßige Temperatur aufrechterhalten. Wie bei allen mechanischen Hilfsmitteln ist bei Klimaanlagen eine gewisse Aufmerksamkeit nötig. Auf lange Sicht nutzen sie ab, gehen kaputt und erfordern eine professionelle Wartung. Möglicherweise müssen sie repariert oder ersetzt werden. In Ermangelung eines perfekt gebauten und ausgerüsteten Lagerraumes taucht bei der Selbstversorgung das Problem der Lagerung von Früchten und Gemüsen – wie viele andere Probleme – mit dem Herannahen des Winters auf.

Das Haus, das wir in Harborside kauften, hatte keine Zentralheizung, dafür aber gab es einen kleinen Keller mit kräftigen Grundmauern aus Stein und einem Zementboden. In diesem Keller fiel die Temperatur selten unter den Gefrierpunkt und war selten höher als 7° C. Hier konnten wir Gemüse und Obst von der Erntezeit im Oktober/November bis zum darauffolgenden Juli aufbewahren. Nur die besten Exemplare konnten sich Monate nach der Trennung von Mutter Erde halten. Ganz selten, z. B. bei der Sommerernte 1975, waren einige unserer gelagerten

Kartoffeln, Zwiebeln, Rüben, Rote Bete, Sellerie, Karotten, Äpfel und Kohlrüben immer noch eßbar, als es im späten Sommer 1976 bereits die neue Ernte gab.

Es ist klar, daß frisch geerntete Wurzelfrüchte saftiger und geschmackvoller sind als solche, die einen ganzen Winter lang gelagert wurden. Wurzelknollen sind lebendig, und mit der Zeit altern und verderben sie. Sogar bei optimalen Lagerbedingungen, wenn die Temperaturen monatelang auf gleicher Höhe gehalten werden, sind Verluste durch Verfaulen und Verwelken zu erwarten. Einmal im Monat oder alle sechs Wochen gehen wir die Kisten mit Gemüse und Früchten, die im Gemüsekeller gelagert sind, durch, entfernen die schlecht gewordenen Früchte und verbrauchen jene sofort, die Zeichen des Verfalls zeigen.

Äpfel sind mit die wertvollsten Lebensmittel, die wir gelagert haben, sowohl in Maine als auch in Vermont. Bei der Ernte sortieren wir unsere Äpfel sorgfältig in zwei Haufen: solche, die perfekt sind und halten werden, und andere mit Fehlern und Druckstellen, die sich nicht halten werden. Alle »Guten« packen wir in Herbstlaub ein, nur einige werden sofort gegessen oder verschenkt. Die Schlechten werden zu Apfelsaft oder Kompott verarbeitet.

Unser einfaches Rezept für Apfelkompott besteht darin, die Äpfel zu waschen und zu schneiden – die kleineren in Viertel, die größeren in Achtel. Die Stücke werden entkernt und jede Druck- oder Faulstelle entfernt. Wir geben sie in einen Topf mit wenig Wasser und kochen sie, bis sie weich sind. Dann packen wir sie in sterilisierte Gläser, ohne sie weiter zu bearbeiten. Wir verschließen die gefüllten Gläser und lagern sie im Keller. Es werden weder Zucker noch andere Konservierungsstoffe hinzugefügt. Wenn das Kompott später gegessen wird, kann man es selbst nach Wunsch mit etwas Honig oder Ahornsirup süßen.

Dies ist die einfachste Methode überhaupt. Nur selten kommt es vor, daß eines von 50 auf diese Weise behandelten Gläsern schimmelt oder fault und auf den Kompost wandert. Gewöhnlich ist die Ursache dann ein beschädigter Deckel oder ein fehlerhaftes Gummi. Mindestens 95 % unserer eingemachten Lebensmittel sind in unserem kalten Keller sogar noch nach zwei Jahren in perfektem Zustand.

Das Einmachen von anderen Produkten geht genauso unkompliziert vor sich. Bei einer reichlichen Tomatenernte pflücken wir die Früchte und stellen daraus eine Suppengrundlage her, zusammen mit gehacktem Sellerie, kleingeschnittener Petersilie und gehackten Zwiebeln. Es wird kein Wasser zugefügt. All dies sind weiche Früchte, die im Garten den ersten harten Frost nicht überstehen würden, oder, z. B. bei Zwiebeln, sie sind fehlerhaft oder zu klein zum Lagern. Die vier Gemüsearten werden genauso zusammen gekocht wie das Apfelkompott. Wenn der Sellerie (das zäheste Gemüse) gabelweich ist, wird alles durch ein Sieb gepreßt, der Saft wird noch einmal aufgekocht und dann eingemacht. Der dicke Rückstand, der nicht durch das Sieb geht, wird mit ganz wenig heißem Wasser auf dem Ofen nochmals aufgekocht und mit wenig Meersalz in Litergläser eingemacht; er kann später als Suppengrundlage dienen.

Das ist ungefähr der Umfang unserer Konservierung, außer daß wir noch ein paar Gläser mit Heidelbeeren, Himbeeren und Hagebutten auf folgende Weise einmachen: Wir sterilisieren die Gläser, geben ein oder zwei Tassen kochendes Wasser hinein, fügen einen großen Eßlöffel Honig zu, lösen ihn unter Rühren auf, gießen anderthalb oder mehr Tassen Früchte hinzu, gießen nochmals kochendes Wasser darauf, verschließen die Gläser und bringen sie in den Keller.

Vor einiger Zeit haben wir ein Gefriergerät geschenkt bekommen, das wir sehr nützlich finden, um Gartenüberschüsse oder Essensreste haltbar zu machen. Wir verfügen über Massen von tiefgekühlten rohen Heidelbeeren in Zellophanbeuteln. Wenn wir zuviel Spargel haben, blanchieren wir ihn und essen die tiefgekühlten Stangen im Winter, ohne sie noch einmal zu kochen (sie werden sonst schlaff und geschmacklos). Hätten wir keine Elektrizität für die Beleuchtung, könnten wir glücklich leben; den Gefrierschrank jedoch empfinden wir für die Lagerung bestimmter Nahrungsmittel als eine große Hilfe.

Wer keinen geeigneten kalten und trockenen Hauskeller oder eine Gefriertruhe besitzt, könnte sich ohne große Kosten einen Erdkeller für Lagerzwecke bauen. Dieser muß hoch gelegen, trocken und kühl sein. Wie andere Lagerhäuser muß er gegen eindringende Insekten wie Ameisen und Nagetiere wie Ratten und Mäuse geschützt werden.

Eine der frühesten Lagermöglichkeiten war eine Grube, die mit Heu oder Stroh gefüllt und bedeckt, durch Bretter und lose Erde abgestützt und ausreichend belüftet wurde. Solche Erdkeller erwiesen sich als einigermaßen frostfrei, wenn sie auf einem Hügel lagen, so daß kein Wasser eindringen konnte. An warmen Tagen wurde die Grube gelegentlich geöffnet, ein Teil des Inhalts wurde herausgenommen und die Grube wieder geschlossen.

Eine andere Möglichkeit bestand darin, in der Nähe der Farmgebäude ein Loch in die Seite eines Hügels zu graben und an der Vorderseite eine Tür mit Lüftung einzusetzen. Wenn sie gut ausgewählt worden war, konnte sich aufgrund dieser seitlichen Hügellage kein Wasser ansammeln. Der aus der Hügelseite heraustretende Teil des Lagerkellers sollte doppelt verschalt oder auf andere Weise gegen Sommer-, Frühlings- und Herbstwärme geschützt sein. Das Haupthindernis für jede dieser Lagermöglichkeiten ist die Schwierigkeit, sie gegen Ungeziefer sicher zu machen.

Niemals werden wir einen Winter in Harborside vergessen, als wir zwölf Kisten Äpfel in unserem ratten- und mäusesicheren Keller gelagert hatten. Die Äpfel wurden zwischen reichlichen Schichten halbtrokkenen Herbstlaubs gelagert und mit einer großzügigen Lage Blätter bedeckt. Wir schlossen die Kellertür und gingen auf eine lange Reise. Bei unserer Rückkehr vier Monate später kamen wir in den Keller, um nach unseren Kisten mit den sorgfältig gelagerten Äpfel zu sehen.

Der Kellerboden war zentimetertief mit Resten bedeckt. Wir griffen in die Kisten. Von den hunderten gelagerten Äpfeln verblieb nur ein einziger – ein feines Exemplar der Sorte Northern Spy. Die Übeltäter haben wir niemals zu Gesicht bekommen (wahrscheinlich Ratten oder Eichhörnchen), und wir haben auch nicht herausgefunden, wo sie hereinkamen. Sie waren von Kiste zu Kiste gegangen, hatten die Äpfel angefressen und ließen eine Menge angekauter Äpfel als Andenken für uns Nachzügler zurück. Was für einen Winter diese Tiere gehabt haben müssen!

Unser Nachbar Eliot Coleman, der mehrere Jahre lang seinen Garten biologisch bewirtschaftete und sich damit seinen Lebensunterhalt verdiente, baute einen sorgfältig geplanten Erdkeller als unabhängige Anlage. Der Keller bestand aus zwei drainierten und getrennten Räumen. Er war mit Doppeltüren ausgestattet und galt als »ungeziefersicher«. Das ausgefeilte System bestand aus zwei Lagen Brettern mit Betonboden und abgestützten Wänden und funktionierte unseren Informationen zufolge gut.

Die Winterlagerung von frischen Früchten wie Karotten, Kartoffeln und Äpfeln haben wir so weit diskutiert. Eine andere Konservierungsmethode ist es, die Gartenprodukte ausreichend zu trocknen, um sie vor dem Verfall zu schützen. Früher trocknete man viel Obst – Äpfel, Birnen, Pflaumen, Kirschen – und verschiedene Beeren, um sie so für den

Winter zu lagern. Wir haben das nicht oft gemacht, da wir die Früchte lieber gleich in der Saison aßen oder einkochten.

Viele Kräuter werden getrocknet und als Würze, für Kräutertees oder für medizinische Zwecke gelagert. In unserem Kräutergarten haben wir viele Sorten gezogen: Minze, Thymian, Schnittlauch, Zitronenmelisse, Estragon, Sommer- und Winter-Salbei, Dill, Majoran, Kamille und Koriander. Diese und andere werden als Zweige kurz vor der Reife gepflückt, zum Trocknen an den Küchenbalken aufgehängt und als Morgentee oder in Suppen oder Salaten verwendet.

Ganz offensichtlich würden wir, wenn es möglich wäre, all unsere Nahrung selbst erzeugen und gartenfrisch verbrauchen, aber in unserem Klima ist das nicht möglich. Aus diesem Grund haben wir diese verschiedenen Wege des Lagerns, Trocknens, Gefrierens und Einmachens ausgearbeitet, um all das zu konservieren, was nicht sofort aus dem Garten verzehrt werden kann.

*Man lege Abfälle auf einen Haufen, das bringt Gewinn.*
*Thomas Tusser, Five Hundreth Pointes of Good Husbandrie, 1557*

*Es wäre gut zu versuchen, ob nicht zusammengefegte Blätter von Bäumen, mit etwas Kalk und Dung gemischt, um ihnen mehr Gehalt zu geben, einen guten Kompost ergeben würden, denn nirgendwo geht soviel verloren wie Blätter von Bäumen.*
*Francis Bacon, Sylva Sylvarum, 1605*

*Man schichte das Material an einem gut erreichbaren Platz auf einen großen Haufen: eine Schicht aus frischer und natürlicher Erde, von der Oberfläche genommen, und eine weitere, dickere aus Mist. Dann wieder eine Lage Erde und so fortfahrend. Mischt man einen Teil Kalk auf zehn Teile Mist, so erhält man einen bemerkenswerten Kompost. Er sollte etwas schattig liegen, so daß weder die Sonne ihn zu stark austrocknet noch starker Regen ihn zu stark auswäscht.*
*John Rose, The English Vineyard Vindicated, 1675*

*Man habe stets fertig bereiteten Kompost zur Hand mit natürlicher, etwas lehmiger Wiesenerde, kratze den Humus ab und mische ihn besonnen mit verrottetem Kuhdung. Man lasse ihn nicht zu lange im Haufen leiden, sondern wende und rühre ihn häufig auf, so daß kein Unkraut auf ihm wachsen kann. Auf daß er feucht und süß sei und die Salze nicht auswaschen, wird er am besten in einer großen Grube gehalten und bereitet oder an einem tieferen Ort, der einen harten Boden hat und im Schatten liegt.*
*John Evelyn, Directions for the Gardiner, 1687*

*Die Blätterernte ist für den Farmer eine der wichtigsten, wenn er sie durchführen kann. Ein ruhiger Tag oder zwei dabei verbracht, werden ihn befähigen, einen großen Haufen von diesen Blättern zusammenzuziehen... Gärtner schätzen einen Kompost aus teilweise zersetzten Blättern sehr. Die Blätterernte ist die letzte Ernte des Jahres und sollte zur richtigen Zeit richtig durchgeführt werden.*
*Anonym, Ten Acres Enough, 1864*

# Den Boden mit Kompost aufbauen

Der Boden ist jener Anteil der Erdkruste, der das Wachstum der Vegetation bedingt. Der Boden – plus Wasser, Luft, Sonnenschein und Magnetfeld – stellt das Medium zur Verfügung, in dem die Lebenskräfte in Form von Pflanzen, Menschen und anderen sich selbst bewegenden Lebewesen gedeihen und sich vermehren.

Pflanzen leben von der Erde. Tiere – und auch Menschen – leben direkt oder indirekt von Pflanzen. Direkt oder indirekt liefert der Boden (sowohl die oberste Schicht als auch tiefere Schichten des Unterbodens) die Mineralstoffe, aus welchen Pflanzenkörper und Tierkörper zusammengesetzt sind. Sand, Kies und Felspartikel plus organische Materie bilden Mutter- und Unterboden.

Pflanzennährstoffe finden sich hauptsächlich in der oberen Schicht. Durch ihre Wurzeln versorgt sich die Pflanze mit Wasser und Baumaterial – jenen Bestandteilen, aus denen der Pflanzenkörper besteht. Die Wurzeln durchdringen den Unterboden tief genug, um jene Verankerung zu bilden, ohne die die winzigen Nährwurzeln nicht in der Lage wären, Feuchtigkeit und Nahrung aufzunehmen.

Ohne menschliches Zutun baut Mutter Erde die Bodenschicht auf, reichert sie mit organischem Material an, fügt die Produkte aus Wasser- und Winderosion zu, vermehrt auf diese Weise die obere Erdschicht und bildet die Grundlage für Gras und die spätere Waldbedeckung. Nach und nach trägt die wachsende Vegetation zu ihrer eigenen Fortpflanzung und Vielfalt bei.

Wir wissen, daß die Verbindung von Bodenfruchtbarkeit und Klima in Maine herrliche Baumbestände hervorbringt. Als die Europäer das Gebiet von Neu-England erforschten und besiedelten, fanden sie in dieser Gegend schöne Wälder vor. Aber die Kolonisten, die aus dem alten England nach Neu-England zogen, waren an deren Erhaltung nicht interessiert. Im Gegenteil, sie hatten das Gefühl, sich beeilen zu müssen, um den Naturkräften zuvorzukommen, die das Leben in ihrem neu erworbenen Land beherrschten und den relativ schwachen Einfluß der menschlichen Arbeit bedrohten. Damals schien es undenkbar, daß der Mensch die Natur einmal vernichten würde. Es schien wahrscheinlicher, daß die Naturkräfte den Menschen beiseite drücken und mit ihren natürlichen Prozessen fortfahren würden.

Die Farmer in Maine leben in einem Teil von Neu-England, der bis vor wenigen Jahren noch mit einem Mischwald aus Weich- und Hartholz bedeckt war. Dieser hatte über lange Jahre hinweg eine Ober- und Unterbodenschicht aufgebaut, die für die Siedler und andere mögliche Landnutzer eine geeignete Lebensgrundlage darstellte.

Als die Siedler damit begannen, diese Schätze, die von der Natur in Maines Mutterboden bewahrt wurden, auszuschöpfen und zu nutzen, griffen sie im Prinzip nur wenig in die grundlegenden natürlichen Prozesse ein. Als die Bevölkerungzahl dann allerdings anstieg und viele Unternehmen den schnellen Profit suchten, begann ein Kahlschlag in großem Maßstab; die Grasdecke wurde aufgebrochen und somit der Weg geebnet für das Abweiden, die Überbewirtschaftung, die Erosion und letztlich für die inzwischen so weit fortgeschrittene Erschöpfung der Fruchtbarkeit.

Schließlich wurde man sich auf regionaler, überregionaler und nationaler Ebene darüber bewußt, daß es wichtig ist, bestehenden Mutterboden zu erhalten und zu verbessern. Eine ganze Generation von umweltbewußten jungen Menschen widmete sich dem Aufbau des Mutterbodens von Maine. Wer in Maine Land besaß und sich um das wirtschaftliche und ökologische Wohl des Staates sorgte, entschloß sich dazu, jedes Jahr mehr Humus in den Boden zu bringen, als durch die Ernte verbraucht wurde oder durch Erosion verlorenging. Natürlich gehen diese Prozesse so langsam vor sich, daß eine einzige Generation die Verluste womöglich gar nicht bemerkt und sie somit auch nicht gegen die Gewinne abwägen kann.

Obwohl die Holzfällerei schnelle Profite erzielte und der Bundesstaat gleichzeitig als Urlaubsregion ausgebaut wurde, konnte die Waldwirtschaft in Maine dennoch im Rahmen gehalten und der Großteil des Bodens als gutes Ackerland vernünftig verwendet werden.

Wer in Maine auf Selbstversorgung setzt, hat sicherlich wenig oder gar keine Hoffnung, »reich zu werden« – so wie Spekulanten vor langer Zeit in Kalifornien und später in Alaska. Statt dessen haben sie die Möglichkeit, ein Programm auszuarbeiten, das ihnen im Tausch für ein Minimum an ständiger und beharrlicher Arbeit einen einfachen Lebensunterhalt geben kann. Der sicherste Weg zum Erfolg besteht darin, die Fruchtbarkeit des eigenen Bodens zu steigern.

Wer sich selbst versorgen möchte, ist oftmals unerfahren und ungeduldig. Viele sind darauf aus, daß sich das Ganze möglichst schnell rechnet, und wollen nicht jahrelang auf Erträge warten. Richtig ausgerüstet und mit einem Minimum an Mut und guter Gesundheit können sie sichere Erfolge erzielen. Wir wissen das aus eigener Erfahrung so wie einige aus unserer Nachbarschaft ebenso.

In Maine benötigt eine durchschnittliche Landfamilie von vier oder fünf Erwachsenen und Kindern etwa 1000 qm mäßig fruchtbaren Gartenboden, um einen Mindestbestand an Gemüse, kleinen Früchten und Salaten zu produzieren. Die Fruchtbarkeit dieses Gartenlandes kann Jahr für Jahr gesteigert werden, indem die Humusschicht vertieft und mit verfallendem organischem Material (Reifekompost) sowie den nötigen Mengen fehlender Spurenelemente angereichert wird. Dieses Land kann mindestens acht Monate des Jahres aktiv für den Nahrungsmittelanbau genutzt werden. Wenn Glas- oder andere Abdeckungen verwendet werden, läßt sich ein Teil der Fläche volle zwölf Monate lang nutzen.

Bei ausreichender Sorgfalt müßte sich der Mutterboden als Folge der Anwendung von Kompost und Bearbeitung jedes Jahr vermehren. Wenn eine Lehmschicht unter dem Boden liegt, sollte sie jedes Jahr aufgebrochen werden – unter Zugabe von Kompost, Sägemehl, Herbstlaub sowie den Holzresten vom Waldboden. Um die Fruchtbarkeit zu steigern, müssen der Erde jedes Jahr mehr Stickstoff, Phosphor, Kalium und Spurenelemente zurückgegeben werden, als ihr durch Ernte und Erosion entzogen wurden.

Auf unserem Hof in Maine leisten wir unseren Beitrag zum Wachstumsprozeß, indem wir die Fruchtbarkeit unseres kleinen Teiles der Erdoberfläche steigern. Überleben und Wachstum sind abhängig von der Fähigkeit, an jedem Tag und in jeder Saison ein wenig mehr zu tun. Dies bedeutet die effektivere Nutzung des Landes, das wir bearbeiten und verbessern möchten. Zu diesem Zweck muß die Erde produktiver werden. Nach jeder Ernte in unserem Garten streuen wir, bevor wir neu pflanzen, eine 2,5 – 5 cm dicke Schicht Kompost auf die Fläche und arbeiten ihn in die Erde ein. Dann erst pflanzen wir die nächste Frucht. Da wir unsere Erde aufbauen, versuchen wir, ein wenig mehr hinzufügen, als wir bei der Ernte entnommen hatten – zuzüglich einer Extra-Zugabe wegen der Erosion.

Kompost ist zerfallende organische Materie, die in ihrer Zersetzung ein Stadium erreicht hat, in dem sie für Wurzeln, Stämme, Zweige, Blätter, Blüten und Früchte eine ideale Nahrung bietet. Eine allgemeine und empfehlenswerte Regel für das Kompostieren lautet: Nutze das gesamte verfügbare organische Material, d. h. alles, was gewachsen ist, noch wächst oder wachsen wird. So wenig wie möglich oder besser gar nichts sollte durch Verbrennen oder Wegwerfen zerstört werden.

Einmal besuchten wir einen Biogarten in Nord-Holland. Der Mann hatte ein Geschäft, seine Frau war für den Garten verantwortlich und leistete darin viel Arbeit. Eine unserer ersten Fragen lautete: Wo ist der Komposthaufen? Unsere Gastgeberin zeigte ihn uns. Er war in einem mäßig guten Zustand und aus Küchenabfällen und einer Menge einjährigem Unkraut aufgebaut, mit Massen an Vogelmiere und Portulak.

Wir fragten sie, ob sämtliche Gartenabfälle auf diesen Haufen wandern, denn für die Größe ihres Gartens war er ziemlich klein. Unsere Gastgeberin antwortete: »Aber nein! Wir teilen unsere Gartenabfälle in zwei Kategorien: die leichten, die zu Kompost werden, und die harten, die nicht kompostierbar sind.«

Wir fragten, was mit dem unkompostierbaren Material geschah. »Oh,« sagte sie, »das liegt auf einem Haufen am Ende des Gartens.« Seit Jahren hatte diese Gärtnerin alle harten oder »unkompostierbaren« Unkräuter in eine tiefliegende Ecke geworfen, wo mittlerweile ein Haufen von mindestens 6 m Länge und 1 – 2 m Breite entstanden war.

Die Oberfläche war von einem Dschungel an Brombeeren und Ranken überwuchert, unter denen 1,5 m hohe Brennesseln standen – diese waren zwar noch im Pflanzenstadium, reckten sich aber wie junge Bäumchen hoch. Wir zogen einige der gröberen Kräuter beiseite und stachen mit einer Schaufel in den Haufen. Die Erde war schwarz. Die zehnjährige Ansammlung von Unkraut, das »zu hart zum Kompostieren« war, hatte unserer Gastgeberin einen Berg eines so feinen Kompostes geschenkt, wie man sich ihn nur wünschen konnte.

Auch in Vermont entdeckten wir einmal einen wahren Schatz an organischem Material. Unser Zuckergehölz enthielt viele wildwachsende

Bäume, besonders immergrüne wie Tannen, Fichten und Hemlocktannen. Jedes Jahr schlugen wir diese Bäume außerhalb der Saison heraus, zerkleinerten sie und häuften die Zweige zu niedrigen Haufen. Diese waren im dritten Jahr bereits beträchtlich hoch und wurden von verschiedenen Schichten von Herbstlaub bedeckt. Bei einem Gang durch unsere Lichtungen stocherten wir in diesen Haufen herum und bemerkten, daß von den umstehenden Ahornbäumen Haarwurzeln in die verrottenden Gestrüpphaufen hineingewachsen waren. Der gleiche Prozeß kann in jedem Wald beobachtet werden, wo Unterholz aufgehäuft und zu dichten Haufen gelagert worden ist. Bei uns bereitete die Natur den Kompost für die Ahornbäume.

Unsere Hauptquellen an kompostierbarem Material sind Grasschnitt und Heu (beides wird einmal im Jahr auf unseren Wiesen geschnitten), Gartenabfälle einschließlich Unkraut, Blätter, Stämme, Wurzeln, Gestrüpp vom Baumschnitt, Seegras, Gras von Salzwiesen, Sägemehl (in kleinen Mengen, 5 % oder weniger pro Haufen) und Küchenabfälle. Wir versuchen, Reserven von allen diesen Materialien (außer den Küchenabfällen) in besonderen Haufen oder Eimern in der Nähe der Kompostfläche zu halten, so daß sie immer für die Kompostbereitung zur Verfügung stehen.

Jeder Komposthaufen sollte so gelegen sein, daß er zur richtigen Zeit mit einem Minimum an Anstrengung gewendet werden kann. Er sollte hoch genug angelegt sein, so daß er nicht im Wasser steht. Die Kompostfläche sollte keinem direkten Sonnenlicht ausgesetzt sein. An warmen, trockenen Tagen sollten die Haufen bewässert und abgedeckt werden.

Gegenwärtig unterhalten wir etwa ein Dutzend Komposthaufen mit Ausmaßen von etwa 2 m im Quadrat, die mit ca. 50 cm Zwischenraum in einer Reihe stehen. Unsere Haufen sind mit Pfählen abgesteckt, die einen Durchmesser von etwa 6 – 8 cm und eine Länge von ca. 1,8 m haben. Wenn wir unseren Holzvorrat schneiden oder ausdünnen und ein Stück finden, das mindestens 1,8 m lang ist, sagen wir: »Das ist für einen Komposthaufen.« Wir messen es genau aus und schneiden es sorgfältig zu. Dann legen wir das Stück auf unseren Reservehaufen für den späteren Gebrauch.

Sobald sich eine gewisse Menge an kompostierbarem Material angesammelt und ein Stück auf unserem Kompostplatz frei ist, nehmen wir eine Axt und eine Stange und legen einen neuen Haufen 50 cm vom

Nachbarhaufen entfernt an. Wenn der Boden eine Grasdecke hat, muß die Fläche abgestochen werden, so daß die Regenwürmer leicht von unten in den Haufen gelangen.

Wir wählen vier große, ziemlich gerade Stangen aus und legen ein offenes Viereck. Quer über dieses Viereck in der Mitte legen wir vier oder fünf dünne Stangen mit einem Durchmesser von 2,5 cm. Sie können lose sein oder zu einem flexiblen Bündel zusammengefügt werden. Das ist die horizontale Belüftung. In die Mitte des offenen Vierecks setzten wir vier oder fünf vertikale Stangen von der gleichen Größe ein, die zugespitzt und leicht in den Boden getrieben und mit Draht oder Kordel zusammengebunden werden. Das sorgt für die vertikale Belüftung.

Zuunterst kommt nun eine 10 – 12 cm hohe Schicht mit grobem Material: Unkraut, Gras, Heu, Stroh, Maisstangen – je gröber das Material ist, desto besser, weil es den Abzug von Luft und Feuchtigkeit am Boden des Haufens ermöglicht. Darüber streuen wir eine 2 – 3 cm hohe Schicht aus guter Erde oder Kompost. Dieses Material enthält die Insekten und Bakterien, die beim Aufschluß der Zellulose im Haufen eine so wichtige Rolle spielen. Es gibt unterschiedliche Meinungen darüber, wie dick diese Schicht sein sollte. Wir machen sie etwa 2,5 cm dick. Danach bedecken wir die Erdschicht mit einer dünnen Lage pulverisiertem Kalkstein oder gesiebter Holzasche, wenn wir einen alkalischen Haufen machen. Für einen sauren Kompost streuen wir gemahlenen Phosphatstein darüber.

Die erste Schicht des Haufens ist nun fertig. Als nächstes kommen ca. 10 cm Seegras, 2 – 3 cm Erde, eine Schicht Kalk oder Phosphatstein und schließlich 2 – 3 cm Sägemehl. So vollenden wir die zweite Schicht des Haufens.

Jede Materialschicht wird von vier Kompoststangen gehalten, die auf die vorherigen gelegt werden. Die Pfosten müssen nicht eingekerbt werden. Am Anfang unserer Komposterfahrung kerbten wir die Pfosten ein, damit sie nicht wegrutschten, d. h. wir machen an jedem Pfosten vier Kerben. Bei einem Haufen mit 40 Stangen sind das 160 Kerben. »Warum einkerben?« fragte jemand. »Die Pfosten bewegen sich nicht, wenn andere Pfosten darüberliegen und das kompostierte Material die Stangen auseinanderhält.« Wir machten das Experiment, und die Hölzer bewegten sich tatsächlich nicht, solange sie nicht von Mensch oder Tier angestoßen wurden. Von diesem Tag an haben wir die Pfosten nicht mehr eingekerbt.

Allerdings begegneten wir einer anderen Schwierigkeit: Wenn die Pfosten ohne Kerben eingelegt und das Kompostmaterial auf den Haufen geworfen und festgetrampelt wurde, erzeugte man durch das Stampfen so viel Druck, daß sich das Kompostmaterial bei Frost ausdehnte und die Pfosten wegdrückte. Wir verzichteten auf das Stampfen und hatten künftig keine weiteren Schwierigkeiten mehr.

Wenn Garten- und Küchenabfälle greifbar sind, besteht daraus die dritte Schicht. Auf diese Weise wächst der Haufen Lage für Lage wie eine Torte, mit jeweils 2 – 3 cm Erde zwischen zwei Schichten. Wir füllen den Haufen immer weiter auf, so lange wir noch bequem mit Handwerkszeug auf den Haufen gelangen können.

Wenn der Haufen eine Höhe von etwa 1,7 m erreicht, hat die Zersetzung innerhalb von drei Wochen an warmen oder heißen Tagen eine Innentemperatur von ungefähr 65° C erreicht. Diese Wärme beschleunigt die Zersetzung des Haufens. Am Ende der dritten Woche bedecken wir den Haufen mit 10 – 12 cm Heu und lassen ihn ungefähr einen Monat lang vor sich hin »kochen«.

Am Ende des Monats entfernen wir die Heudecke und setzen den Haufen mit einer Forke und/oder einem Spaten auf eine benachbarte freie Fläche um. Während wir den Haufen abtragen, nehmen wir die Pfosten heraus und benutzen sie für den Aufbau des neuen Haufens. Die Pfosten, die zuvor an der Außenseite waren, kommen nun in die Mitte. Das Material streuen wir Schicht für Schicht und so gleichmäßig wie möglich aus. Das Ergebnis ist ein Haufen aus halbzersetzter organischer Materie.

Wir bedecken den gewendeten Haufen mit Heu oder Stroh und lassen ihn weiter reifen, bis das Material leicht mit der Schaufel ausgehoben werden kann. Dann ist der Kompost zur Verwendung als Dünger fertig. Durch die Jahre hindurch war unser Kompost der einzige Dünger, den wir großflächig verwendeten. Kunstünger, der normalerweise an Farmer verkauft wird, rühren wir nicht an. Außerdem haben wir während dieses Zeitraumes auch keine tierischen Dünger oder tierische Rückstände wie Knochen- oder Blutmehl verwendet. Da wir uns vegetarisch ernähren, möchten wir nichts mit der Aufzucht, Ausbeutung oder Abschlachtung von Tieren aus Nahrungsgründen zu tun haben.

Bei normalem Sommerwetter, auch bei Nebel und Regen, müßten die Haufen für die Benutzung im Garten nach ungefähr zwei Monaten fertig sein. Auf dieser Grundlage konnte in jeder Saison eine mehr als

3 qm große Fläche zwei oder oft drei Tonnen reifen Kompostes produzieren.

Unsere Methode des Kompostierens ist die Variation einer Methode, die im biologischen Anbau in den Vereinigten Staaten und in Europa verbreitet angewandt wird. Wir haben sie in unserem jetzigen Garten 25 Jahre lang benutzt. Was als zäher gelber Lehmboden begann, der zu ziegelähnlicher Beschaffenheit verhärtete, wenn er bearbeitet wurde, solange der Grund noch naß war, kann nun als hochwertiger Sandlehmboden gelten. Heute können wir das Land nach einem Schauer sofort bearbeiten, ohne daß der Boden an den Werkzeugen kleben bleibt.

Als wir 1951 mit der Bearbeitung unseres Gartens begannen, war er jahrelang eine verwilderte Wiese gewesen. Als unser Nachbar Russel Redman den Boden zum ersten und einzigen Mal pflügte, meinte er: »Aus diesem kargen Land wird niemals ein Garten werden.« Nun kommt er fast jeden Sommer, schaut voller Stolz über die Gartenmauer und bewundert unser Werk.

Diese Wandlung erreichten wir durch großzügige Zugaben von Kompost, Sand, Sägemehl und Steinmehl sowie durch viel Feldarbeit und tiefes Lockern. Unser Garten ist ein lebendes Beispiel dafür, welche Veränderungen durch die Verwendung von organischem Material auf einem Stück karger Erde erreicht werden können. Natürlich war auch der Faktor Zeit – 25 Jahre geduldiger Arbeit – bedeutsam.

*Wer auch immer einen Landsitz oder ein Haus bauen will, muß es dort hinsetzen, wo sowohl Wasser als auch Holz vorhanden ist. Zum Gewinn und zur Gesundheit seines Körpers muß er angrenzend an sein Haus genügend Raum, Wasser und Holz haben. Denn wenn es ihm an diesen Hauptsachen mangelt, sei es zuerst Wasser zum Waschen und Wringen, Holz zum Kochen und Brauen, so wäre das höchst unbequem. Und ein Mangel an Holz wäre leichter zu bewältigen als ein Mangel an Wasser, obwohl Holz durchaus notwendig ist, nicht nur als Brennstoff sondern auch aus anderen dringenden Gründen, besonders was das Bauen und Reparieren angeht.*

*Andrew Boorde, A Dyetary of Helth, 1542*

*Bei der Anlage eines Gartens möge man berücksichtigen, daß dieser am besten (wie Paladius sagt) in der Nähe eines freien Feldes gelegen ist, unterhalb einer Neigung, die kleine Wassermengen in einigem Abstand nach unten durch den Garten fließen läßt... Wasser ist für Kräuter ein wunderbarer Nährstoff. Wenn ein Garten notwendigerweise oftmals gewässert wird, führt dies dazu, daß (wie Plinius sagt) der gesäte Samen bald aufgeht, sich vermehrt und ausgezeichnet wächst.*

*Thomas Hyll, First Garden Book, 1563*

*Im Frühling gieße man am Morgen, im Sommer am Abend. Im Winter sei man mit dem Gießen vorsichtig; wenn überhaupt, so soll das Wasser leicht angewärmt werden. Man gieße sanft, nicht hastig, denn ein harter Strahl würde den Boden nur verdichten und verhindern, daß das Wasser eindringt. Daher sollte man den natürlichen Regen nachahmen.*

*Sir John Evelyn, Directions for the Gardiner, 1687*

*Jene sind glücklich, die ein Stück stehendes Wasser in ihrem Garten haben oder einen Bach nah bei der Hand, von wo aus der Garten ohne viel Arbeit bewässert werden kann.*

*Samuel Deane, in The New England Farmer, 1790*

*Es ist ratsam, in der Nähe etwas Wasser zu haben, um die Erde zu nähren und sie zu erfrischen.*

*Henry David Thoreau, Walden, 1854*

# Wasser für Haus und Garten – und für einen Teich

Leute, die sagen: »Ich würde gerne einen Hof kaufen«, haben im allgemeinen eher Land als Wasser im Sinn. Und doch ist Land ohne Wasser fast nutzlos. Ob sie an sich selbst und ihre Familie denken, an den Viehbestand, die Feldfrüchte oder ihre eigenen stündlichen oder täglichen Bedürfnisse – Wasser ist lebensnotwendig. Für die Selbstversorgung gelten als die beiden wichtigsten Voraussetzungen: genügend Land und reichlich sauberes Wasser.

Als wir unsere Farm in Maine damals besichtigten, erkundigten wir uns nach der Wasserversorgung. Mary Stackhouse, die Besitzerin, führte uns triumphierend zu einer sprudelnden Quelle im Wald, die mehr als 2 m höher lag als der Küchenfußboden. Dies bedeutete, daß das Quellwasser von selbst ins Haus hinein lief. Fließendes Wasser, klar, kalt und beständig, durch die Schwerkraft zugeleitet – was wollten wir mehr?

Dennoch wäre es schön, auch einen Teich zum Schwimmen im Sommer, zum Eislaufen im Winter und als Bewässerungsmöglichkeit für den Garten zu haben. Gab es auf dem Gelände irgendeine Möglichkeit dafür? Wir erfuhren, daß auf der nach Westen geneigten Hügelseite, auf der die Farm lag, an mehreren Stellen bestimmte Pflanzen wuchsen, die die Gegenwart von Wasser nahe der Erdoberfläche anzeigten. Auch gab es an dem Hang eine Sumpffläche – tieferliegendes Land, auf dem sich Wasser ansammelte, das dort den überwiegenden Teil des Jahres stand.

Wie geht man es an, eine etwa 4000 qm große Fläche Sumpf in einen Weiher zu verwandeln? Die typisch amerikanische Art besteht darin, ein Unternehmen mit einem Bulldozer damit zu beauftragen, das diese Arbeit übernimmt und sie in einigen Tagen beendet (und eine Menge häßlicher und durcheinander geworfener Haufen aus Oberboden, Unterboden, Felsen und Wurzeln zurückläßt). Wir hatten eine andere Methode. Wir nahmen uns vor, diese Arbeit mit Hand-Werkzeugen auszuführen.

Die Fläche des zukünftigen Teiches war seit mindestens einer Generation nicht mehr gepflügt oder anderweitig bestellt worden. Zunächst wuchsen dort Schwarzerlen, Wildkirschen, Pappeln und Weiden. Dann hatte sich schnell ein Bestand an Weißbirken, Balsamkiefern, einigen Rottannen und Sumpfvegetation entwickelt. Unsere erste Arbeit bestand darin, diesen jugendlichen Dschungel loszuwerden, indem wir mit den Bäumen begannen. Ein Bulldozer hätte die Bäume kurzerhand umgelegt. Wir gingen einen anderen Weg.

Der Unterboden unserer Teichfläche war gelber Ton, der stellenweise fast 1 m tief war. Solch ein Unterboden hält den Ankerwurzeln der Bäume stand, so daß sie, anstatt in den Ton und in festen Untergrund hineinzuwachsen, sich horizontal oben auf der Tonschicht ausbreiten. Daher begannen wir damit, die Grassoden um einen größeren Baum herum abzustechen und mit einer Spitzhacke alle Seitenwurzeln abzuhacken. Nun konnten wir kleine Bäume mit der Hand umdrücken, die Wurzeln abhacken und den Stumpf für den Küchenofen in kleine Stükke zerteilen.

Größere Bäume wurden anders behandelt. Mit Hacke und Axt gruben wir einen schmalen Graben um jeden Baum und schnitten die horizontalen Wurzeln etwa 30 cm vom Stamm entfernt ab. Dann fällten wir den Baum etwa 60 cm über dem Erdboden, drückten auf Tonschichthöhe ein Brecheisen unter den Stumpf und hoben diesen kräftig an. In drei von vier Fällen wurde der Strunk von seinem Tonunterboden losgerissen und konnte auf unserem Holzhaufen untergebracht werden.

Bei Operationen dieser Art brachten wir Unterholz und Stümpfe – anstatt sie zu verbrennen – zu einem niedrig gelegenen Platz, den wir bis zur Höhe des umgebenden Landes auffüllten. Im Verlauf weniger Jahre drückten Verrottung, Schwerkraft und der Druck von Schnee und Eis die Waldabfälle auf das umliegende Bodenniveau, und ein paar Schubkarrenladungen Lehm oder anderer Unterboden hielten sie an Ort und Stelle. So beseitigte ein einziger Arbeitsvorgang die Waldabfälle, ohne sie zu verbrennen, und füllte tiefliegende Landstriche auf.

In den tieferen Teilen des Teiches entfernten wir mindestens 60 – 90 cm Boden. Als diese Arbeit fertig war, standen die Bäume bzw. Baumstümpfe hoch und trocken auf Podesten und konnten dann mit Hacken und Schaufeln ohne große Schwierigkeiten entfernt werden.

Den Teich hoben wir mit Schubkarren aus, wie sie von Bauunternehmen verwendet werden: die Räder etwa 40 cm im Durchmesser, mit luftgefüllten Reifen. Wenn es naß war, benutzten wir als Fahrweg lose, bewegliche Planken. Bei Trockenheit konnten wir auf dem Lehm fahren.

Unsere erste Fracht aus der Teichfläche waren Soden, und zwar keine feinen, sauberen Rasensoden, sondern Massen an Vegetation – Wurzeln, Blätter und Zweige. Grobe Vegetation, Wurzeln und Blattwerk wanderten in Sodenhaufen, die wie unsere Komposthaufen mit Pfählen in Blockbauweise errichtet wurden. Mutterboden kam in den Garten zur Kompostbereitung oder um die Gartenfläche auszugleichen.

Von Anfang an folgten wir mit diesem Damm einem genauen und zweckmäßigen Plan. Mit jeder der 16.000 Schubkarrenladungen, die wir während der ganzen Jahre aus dem Teich holten, hatten wir das gleiche Ziel vor Augen: einen flachen Teich mit Abflußkanal und Notüberlauf, eine Wasserfläche, die in den Garten geleitet werden konnte, die in der trockenen Jahreszeit die Feuergefahr minderte und die eine ausgezeichnete Gelegenheit zum Schlittschuhlaufen bot.

Gelegentlich arbeiteten an diesem Dammbau-Projekt ein Dutzend Leute gleichzeitig. Sie waren vorher nie zusammen gewesen und würden es wahrscheinlich nie wieder sein. Sie waren in bezug auf Alter, Geschlecht, ethnische Zugehörigkeit und politische und religiöse Bekenntnisse unterschiedlich. Sie alle waren gekommen, weil sie es wollten, und aus dem gleichen Grunde geblieben. Mit wenigen Ausnahmen wurden sie für ihre Arbeit nicht bezahlt. Wenn sie bis Mittag blieben, teilten sie unsere einfache, üppige, vegetarische Mahlzeit mit uns.

Unsere Beziehung zum Teich war nicht immer ungetrübt. Ein negativer Punkt waren die Leckstellen. Einige Male traten unter dem etwa 12 m langen Betonkern, den wir in den 6 m breiten Erddamm bauten, sowie um den 2,5 x 3 m großen Betonblock herum, der unseren Haupt-Abflußkanal bildete und durch den das Grundrohr lief, das den Weiher entwässerte, größere Öffnungen zutage.

Warum traten solche Lecks auf, nachdem wir größtmögliche Sorge getragen hatten, um ihn wasserdicht zu machen? Hierfür gibt es viele mögliche Erklärungen: ein Mäusegang, eine Bisamrattenhöhle, ein Frostriß im Beton sowie die Tatsache, daß sich der Beton und die ihn umgebende Erde in unterschiedlichem Maße ausdehnten und zusammenzogen. Vielleicht ist ein kleiner Gang, den ein Wurm gräbt, der Anlaß für das allererste Durchsickern. Aufgrund dieses winzigen Anfangs kann es dem Wasser gelingen, den riesigen Damm zu unterhöhlen, zu umgehen und ihm ein glucksendes Adieu zuzuwinken.

Erfahrene Ingenieure trösteten uns mit der Versicherung, daß es so etwas wie einen dichten Damm nicht gibt. Tendenziell stimmen wir dem zu. Als Scott fünf oder sechs Jahre alt war, begann er in Morris Run, Pennsylvania, einen kleinen Bach zu stauen. Seitdem hat er an den verschiedensten Orten Dämme gebaut. Wir haben Biberdämme studiert und solche bemerkenswerte Werke wie den Hoover Dam im Westen der USA und den Assuan-Staudamm in Ägypten besucht. Überall ist es die gleiche Geschichte. Kein Damm erreicht jemals die Ebene der Perfektion, die seitens der Planer und Erbauer angestrebt wurde. Wenn man Wasser einschließt und lange genug wartet, wird das eingesperrte Wasser seinen Weg über, unter, durch oder drumherum finden und schießend, sprudelnd und rasend von hohen zu tieferen Ebenen fließen.

Seit seinem Anfang als unordentlicher Sumpf war die Teichfläche eine Heimat für Ochsenfrösche und Kröten gewesen, die, sobald das Eis im Frühjahr schmolz, anfingen, die Umgebung mit ihrem Pfeifen und Quaken und mit ihren Liedern zu beleben. Noch immer sind sie jeden Frühling zu hören. Stehendes Wasser ist für Frösche und für die Generationen von Kaulquappen, die mit jedem Frühjahr erscheinen, ein beliebter Laichplatz. Frösche lieben seichtes Wasser und Schlamm. Unser Teich ist nur etwa einen halben Meter tief – ein wahres Froschparadies. Sie ziehen zeitweilig in jedem Jahr fort, wenn wir den Teich ablassen und den Schlamm, der sich am Boden gebildet hat, abstechen und aufhäufen. Wenn die Haufen ein wenig getrocknet sind, karren wir sie auf den Haufen, wo wir Mutterbodenreserven lagern, und verwenden die daraus entstehenden Soden für den Garten. Jedes Hochwasser lagert eine gewisse Menge an Sand und Schlamm im Teich ab. In jedem Hochsommer entfernen wir einen Teil des Teichbodens und häufen für die Kompostbereitung und andere Zwecke Oberboden auf.

In China werden Teiche und Gräben entwässert und von dem gesammelten Abfall gereinigt. Auf diese Weise werden besondere Vorkehrungen für das Überleben der Fische getroffen. Sobald die Teiche vom Schlamm befreit sind, werden die Sperren wieder in den Damm zurückgesetzt und die Teiche wieder gefüllt. Der angesammelte und brauchbare Schlamm vom Boden wird auf das Land oder den Komposthaufen gestreut. Das Ergebnis ist – wie bei uns – ein Haufen erstklassiger, verrotteter Soden, die im Gewächshaus, als Mulch für Obststräucher und Bäume, bei der Kompostbereitung oder beim Umpflanzen verwendet werden können.

Was wir auf den wenigen Quadratmetern einer nordamerikanischen Farm tun, wird in ganz China getan. Dort wird die Landwirtschaft geplant, mit den wechselnden Jahreszeiten und dem Wetter verbunden und somit eine landwirtschaftliche Grundlage geschaffen.

Was die Chinesen landesweit tun, versucht die Sowjetunion auf ihrem ganzen Kontinent. Eurasische Flüsse, die zu den größten dieses Planeten zählen und die Jahrtausende nach Norden geflossen sind, werden umgeleitet und fließen nun südlich in die zentralasiatischen Wüsten. Vor 20 Jahren war das noch ein Traum der Ingenieure, heute werden Millionen Hektar Wüste bewässert und bestellt. Noch einmal 20 Jahre, und die Wüsten des unfruchtbaren Zentralasiens könnten einen großen Teil der Menschheit mit ihren Getreide- und Baumwollernten ernähren und bekleiden.

Unser winziger Teich ist ein Miniaturprojekt der Nutzbarmachung; es bietet uns beim Bau Bewegung, es dient der Bewässerung, es stellt Soden und Mutterboden zur Verfügung, im Winter können wir auf dem Eis Schlittschuhlaufen, und im Falle eines Feuers ist es sehr vorteilhaft. Wir begannen unsere Arbeit an unserem Teich 1953. 25 Jahre später sind wir immer noch damit beschäftigt ihn auszugraben, zu vertiefen und zu vergrößern.

*Es gibt einige Leute, die sich um nichts sorgen, die nichts Neues beginnen und keine anderen Geschäfte anfangen als die, an die sie gewöhnt sind, solange man ihnen nicht Berge von Gold verspricht.*

*Jared Eliot, Essays upon Field-Husbandry in New-England, 1760*

*Ein großes Kapital zu haben, ist nicht so notwendig, wie zu wissen, wie man ein kleines Kapital handhabt und niemals völlig ohne Geld ist. Es sind keine großen Schätze, die gewünscht werden, sondern eine stetige Versorgung, wie ein kleiner Strom, der niemals versiegt.*

*William Cooper, A Guide in the Wilderness, 1810*

*Ein bestimmter Betrag an Geld, der von der Zahl und der Dringlichkeit unserer Wünsche abhängt, ist für jeden von uns in der gegenwärtigen Gesellschaftsordnung eine Notwendigkeit, aber über diesen Betrag hinaus ist Geld eine Annehmlichkeit zum Ausgeben oder nicht, ein Luxus, mit dem wir uns entweder abgeben oder bei dem wir uns einschränken, wie bei jedem anderen Luxus auch. Und es gibt viele Luxusartikel, die wir zu Recht bevorzugen mögen, wie ein gutes Gewissen, ein Leben auf dem Lande oder die Frau unserer Herzens.*

*Robert Louis Stevenson, Men and Books, 1888*

*Gib nicht auf in Verzweiflung, weil du ein kleines Einkommen hast und dich in dein Schicksal ergeben mußt, armselig zu leben, von der Hand in den Mund. Selbstdisziplin und Sparen und resolute Enthaltsamkeit von Luxusgütern werden das Problem lösen.*

*Mary Hinman Abel, Practical Sanitary & Economic Cooking Adapted to Persons of Moderate & Small Means, 1890*

*Dagegen ist es auf der Medlock Farm von geringer Bedeutung, ob die Lebenshaltungskosten steigen oder fallen – es ist nicht so sehr der Marktpreis des Mais, der uns betrifft, als daß wir unseren eigenen Mais an den Kolben haben. Egal, wie tief der Preis fällt, es ist immer noch billiger, ihn selbst anzubauen, als ihn zu kaufen.*

*Henry Tetlow, We Farm for a Hobby and Make It Pay, 1938*

# Unsere Geldquelle: Heidelbeeren

Wer in den USA – wie anderswo auch – auf dem Land lebt, braucht eine Geldquelle. Auch wenn man knausert und spart, kann man nicht in einer Geldwirtschaft leben, ohne etwas Bargeld zur Verfügung zu haben und sei es nur für den Kauf von Briefmarken.

Wir produzieren 85 % unserer Nahrung und unseren gesamten Brennstoff, außer dem Benzin für das Auto, selbst. Ersatzteile, Erneuerungen und Werkzeuge müssen wir bar bezahlen. Wir entrichten lokale Steuern. Einen Teil unserer Kleidung machen wir selbst, manches kaufen wir in Gebrauchtwarenläden und bei Ausverkäufen, und einige wenige Kleidungsstücke kaufen wir neu. Wir verwenden und kaufen keine süchtig machenden Drogen, keinen Alkohol, keinen Tabak oder Kaffee. Unseren Bedarf an Drucksachen, Porto und Schreibwaren decken wir über unser *Social Science Institute.* An diese Organisation übertragen wir sämtliche Tantiemen und Vortragshonorare. Unsere Reisekosten werden von jenen bezahlt, die uns für Vorträge engagieren.

Da wir von einer Wirtschaft umgeben sind, die sich auf Bargeld und Kredite stützt, benötigen wir jedes Jahr ein bestimmtes Bargeldeinkommen. Wenn dieser Betrag im voraus ermittelt werden kann, können wir an unserer Regel festhalten, nicht auf Kredit zu kaufen und keine Zins-Sklaverei zu betreiben.

Als wir nach Vermont gingen, erwarteten wir, daß unser Bareinkommen aus unserem Holzbestand kommen würde: Sägebalken, Feuerholz, Pfosten und Pfähle, Grünes zum Dekorieren sowie Holz für die Papierherstellung. Unser erstes Jahr in Vermont überzeugte uns davon, daß der einfachste Weg zur Geldversorgung die Herstellung von Ahornsirup und die Umwandlung eines Teils des Sirups in Ahornzucker waren. Dies taten wir jahrelang.

Auf der gesamten Fläche unserer Farm in Maine gibt es noch nicht einmal ein Dutzend erwachsener Ahornbäume. Nach mehreren Jahren Erfahrung mit dem Verkauf von Salat, Spinat, Spargel, Erbsen und anderen Gemüsesorten entschieden wir uns dafür, Beeren zu unserer Bargeldquelle zu machen. Wie in Maine war auch in Vermont ein großer Teil unserer Grundfläche mit wilden Heidelbeeren bedeckt. Häufig diskutierten wir mit unseren Nachbarn über die Möglichkeiten des Heidelbeeranbaus. Unser Experimentieren begann im kleinen Stil mit weniger als 100 zweijährigen Hybrid-Heidelbeerpflanzen. Erst im dritten oder vierten Jahr beginnt eine Pflanzung von Hybrid-Heidelbeeren sich bezahlt zu machen. Als wir Vermont 1952 verließen, hatte diese experimentelle Heidelbeerpflanzung begonnen, gute Ernten zu tragen. Unsere Vermonter Erfahrung zeigte uns, daß die frostbeständigeren Hybrid-Heidelbeerpflanzen überleben und sogar bei tiefsten Minustemperaturen befriedigende Ernten hervorbringen würden.

Der Bezirk Hancock in Maine, wo wir uns niedergelassen hatten, gehörte zu den Gegenden, wo Heidelbeeren im Übermaß wuchsen. Viele Farmen besaßen ausgedehnte Flächen mit wilden Heidelbeeren, die jedes zweite Jahr abgebrannt wurden und im darauffolgenden Jahr gute Erträge wilder Beeren brachten. Dies war eine wichtige lokale Geldeinnahme. Wer Heidelbeeren anbaute, erhielt von dem landwirtschaftlichen Bezirksberater dieser Region jedes Jahr eine Reihe von Briefen, in denen Ratschläge erteilt wurden, insbesondere über die Anwendung von Spritzmitteln.

Einer unser ersten Wege in Maine führte uns zu dem örtlichen Landwirtschaftsberater, den wir fragten, ob er uns Hybrid-Heidelbeeren als Einnahmequelle in Maine empfehlen könne. Sein Rat war kurz und bestimmt: »Verschwenden Sie kein Geld oder Zeit mit solchen Pflanzungen, da sie unsere kalten Winter nicht überstehen würden.« Da wir diese Pflanzen bereits in dem viel kälteren Vermonter Klima gezogen hatten, glaubten wir, daß sie auch in Maine überleben würden. So fingen wir mit ein paar Pflanzen in unserem Garten an und wählten dann ein etwa 1000 qm großes sandiges Lehmstück aus, das nach Süden und Westen abfiel und östlich von unserem Teichgelände lag. Das Gebiet war in den vergangenen Jahren weder gepflügt noch bestellt worden. Einige der Weißbirken und Rottannen waren 30 cm dick.

Wir rodeten eine Fläche von knapp 1000 qm dieses kräftigen jungen Waldes, schnitten alle Bäume und Sträucher so nah wie möglich am

Boden ab, karrten das Unterholz weg und häuften es in einer Mulde entlang eines angrenzenden, schmalen Baches an. Aus den Bäumen wollten wir Feuerholz machen. Im Herbst mulchten wir das gesamte Areal mit einer Schicht Rottannen-Sägemehl und häuften soviel verdorbenes Heu auf, wie wir kriegen konnten. Wir pflügten oder hackten das Land nicht. Wir gruben keine Baumstümpfe aus. Vielmehr pflanzten wir um diese herum. In den ersten Jahren war das Heidelbeerland voll mit Baumwurzeln. Als die Zeit verstrich und wir das Mulchen und Säubern fortführten, verrotteten die Wurzeln und reicherten das Land an. Nach einem Dutzend Jahren war die Fläche im wesentlichen frei von Stümpfen und Wurzeln.

Im Frühjahr setzten wir Pfähle in einem Abstand von jeweils 1,5 m, gruben entsprechend große Löcher und pflanzten 228 zweijährige Heidelbeerpflanzen ein; dann füllten wir den Mutterboden um jede Pflanze auf und trampelten ihn fest. Wir benutzten keinen Dünger.

Es gibt fünfzig oder mehr bekannte Arten von Hybrid-Heidelbeeren – frühe und späte Sorten, kleine und große, winterharte und empfindliche. Wir pflanzten zwölf Sorten aus, einige aus jeder Gruppe. Dadurch dehnten wir unsere Pflücksaison vom späten Juli bis zum ersten Frost im September oder frühen Oktober aus.

Wieviel Hybrid-Heidelbeeren pflücken wir jedes Jahr? 1957 pflückten wir etwa eine halben Eimer, 1958 sechs Eimer, 1960 zwölf Eimer. Kurz: Es dauerte sieben Jahre, bis wir Heidelbeeren zum Verkauf hatten. Danach stieg die Ernte beständig an; im Jahre 1965 auf 70 Eimer, 1970 auf 110 Eimer und 1971 – unserem Spitzenjahr – auf 140 Eimer. Seitdem pflücken wir etwa 80 Eimer pro Jahr.

Unsere Heidelbeersträucher werden gehätschelt und gepflegt. Die Büsche sind gut beschnitten und wohlgenährt. Im Moment sind unsere früher gepflanzten Sträucher nach allen Seiten etwa 1,8 m voneinander entfernt. Als wir mit der Zeit herausfanden, wie groß sie wachsen, ließen wir bei den später gepflanzten einen Abstand von 2 m. Nun würden wir einen Abstand von 2,5 auf 2,5 m empfehlen, da unsere größeren Sträucher bereits wuchern und stark beschnitten werden müssen, damit sie in die engen Reihen passen.

Wie die meisten Obststräucher und Bäume stehen einmal gesetzte Hybrid-Heidelbeeren mindestens 20 bis 25 Jahre lang. Nach dem zweiten Jahr ist es nicht mehr ratsam, sie zu verpflanzen. Sie können ausgegraben und ersetzt werden. Aber wenn neue zweijährige Pflanzen an ihre Stelle gesetzt werden, dauert es mindestens vier bis fünf Jahre, bevor eine nennenswerte Ernte erreicht wird.

Wir halten die Büsche auf 2 m Höhe. So hoch sind die Zedernpfosten, an denen wir die Haltedrähte und die gebrauchten Fischernetze befestigen, die die Vögel während der Pflücksaison abhalten sollen.

Im Idealfall haben unsere Büsche sechs bis sieben Hauptäste mit den jeweiligen Seitenästen, an denen die Fruchtknospen und Beeren wachsen. Von diesen sechs bis sieben Haupttrieben sollten einige neues Holz vom vorherigen Jahr sein und drei oder vier ältere Äste. Auf diese Weise werden sämtliche Zweige alle drei Jahre vollständig erneuert. Da die besten Erträge der Beeren erfahrungsgemäß vom zweijährigen Holz kommen, haben wir mit dieser Methode der stetigen Buscherneuerung einen Vorteil gegenüber jenen, die wilde Beeren züchten und diese jedes zweite Jahr abbrennen.

Zum Thema Beschneiden möchten wir noch erwähnen, daß die Hybridpflanzen in unserer Gegend oft Opfer eines Parasiten namens Hexenbesen werden, der abwechselnd auf Fichten und Heidelbeerpflanzen wächst. Manchmal wächst er von den Wurzeln hoch, zu anderen Zeiten fängt er an einem Zweig hoch am Strauch an. Wo immer er erscheint, schneiden wir die weichen braunen Zweige heraus.

Am Anfang unserer Erfahrung mit Heidelbeeren düngten wir einmal zur Zeit des Beschneidens im Frühling und dann wieder am Ende der Erntezeit. Aber wenn die Pflanze am Ende der Wachstumssaison noch zu neuem Wachstum angeregt wird, frieren diese Teile wahrscheinlich während unserer harten Winter ab. Später haben wir nur noch im Frühling gedüngt. Das Schneiden wird während der schönen Tage im späten Winter oder im Frühling ausgeführt, bevor sich die Knospen bilden. Wir beschneiden und düngen kräftig, um die Größe der Beeren und den Umfang der Ernte zu steigern. Unter diesen Bedingungen erhalten wir jedes Jahr eine ziemlich reichhaltige Ernte.

Dem Beschneiden im Frühling folgt das Düngen. Pro Busch verwenden wir ein Pfund Sojabohnenmehl, wenn wir es bekommen können. Wenn Sojamehl knapp oder zu teuer ist, verwenden wir Baumwollsamenmehl, Leinsamenmehl oder als letzte Möglichkeit Maismehl. Mit dem Soja mischen wir gleiche Teile gemahlenen Phosphatstein und Granitstaub. Über das Mehl streuen wir je nach Größe und Aussehen zwischen 4 und 7 kg Kompost pro Busch. Dies bedecken wir mit Sägemehl (ca. eine Handvoll für einen Busch mittlerer Größe) und streuen dann

Heu oder Stroh in die Zwischenräume der Sträucher. Sobald das Heu vom Jäten oder Pflücken niedergetrampelt ist, ersetzen wir es.

Heidelbeersträucher bevorzugen einen sandigen, leicht sauren Lehm- oder Kiesboden. Wir verwenden keinen Kalk und keine Holzasche an unseren Heidelbeeren und versuchen, den Boden im sauren Milieu zu halten. Jede Düngung enthält eine großzügige Ration Torf pro Busch. In Michigan, wo es unzählige Torfmooren gibt, haben wir einmal eine ganze Heidelbeerpflanzung in einem Torfmoor gesehen. Die Pflanzen waren ungefähr zehn Jahre alt und schienen gut zu gedeihen.

Wer pflückt unsere Beeren? Im allgemeinen pflücken wir sie selbst, da wir wissen, welche am reifsten sind. Wenn sie zu früh gepflückt werden, sind sie sauer. Manchmal lassen wir uns auch auf Tauschbasis helfen: Wer pflückt, erhält ein Viertel der Beeren. Zu Anfang sind die meisten hinter den größten Beeren her und lassen die Sträucher mit den kleineren Beeren aus. Außerdem essen sie eine Menge Beeren. Eine Frau, die Beeren kaufen wollte, fragte: »Wenn ich sie selbst pflücke, kann ich sie dann billiger haben?« »Nein,« sagte Helen, »der Preis müßte dann noch höher sein, weil Sie so viele essen.«

Das Pflücken ist eine angenehme Arbeit, die – begleitet von singenden Vögeln, quakenden Fröschen, bei sanftem Wind und Sonnenschein – leicht von der Hand geht. Bei guten Pflückbedingungen (wenn die Beeren reif und reichlich vorhanden sind und man sich nicht zuviel unterhält) kann man gut einen Eimer in der Stunde pflücken, aber nicht alle können sich so schnell bewegen.

Heidelbeeren verschaffen uns ein mäßiges Einkommen. Sie reifen an den Sträuchern und bleiben dort, bis sie gepflückt werden (im Gegensatz zu Himbeeren, die, sobald sie reif sind, gepflückt werden müssen). In einem kalten Keller halten sie sich einige Tage oder nötigenfalls sogar eine Woche, ohne an Festigkeit oder Geschmack zu verlieren, was man beispielsweise von Erdbeeren oder Himbeeren nicht sagen kann.

Alle Leute mögen reife Heidelbeeren, sogar unsere Nachbarinnen und Nachbarn im Ort, die sie anfangs verschmähten, weil sie meinten, sie wären »geschmacklos – nicht so gut wie die wilden«. Nach ein paar Pfund zur Probe kommen sie nun und kaufen sie. Aber auch manche Tiere mögen Heidelbeeren, besonders Rotwild, Waschbären und viele Vögel, einschließlich Seemöven – große Vögel mit riesigem Appetit.

Seitdem unsere Heidelbeerpflanzen anfingen zu tragen, hatten wir keinen einzigen Ernteausfall. In einigen Jahren ist der Ertrag größer und in anderen kleiner, was weitgehend vom Wetter abhängt. Aber jedes Jahr gibt es eine ausreichende und gut verkäufliche Ernte.

*Ich bin die Wärme des Herdes in kalten Winternächten. Ich bin der Schatten, der dich vor der Sommersonne abschirmt. Meine Früchte und stärkenden Getränke stillen deinen Durst auf der Reise. Ich bin der Balken, der dein Haus stützt, die Türe deiner Heimstatt, das Bett, auf dem du liegst und die Bretter, die dein Boot erbauen. Ich bin der Griff an deiner Hacke, das Holz deiner Wiege und der Deckel deines Sarges.*

*Schild an einem Baum im Stadtpark von Madrid, Spanien*

*Ein Baum – das erhabenste und wunderbarste aller Erzeugnisse der Erde.*

*William Gilpin, Remarks on Forest Scenery, 1791*

*Es gibt wenige Farmen in den USA, wo es nicht zugleich angemessen und lohnend wäre, ein oder mehrere Waldstücke zu haben. Sie versorgen den Besitzer mit Brennstoff, den er in seiner Freizeit vorbereiten kann, sie statten ihn mit Bauholz für Gebäude, Zäune, Pfosten und gelegentliche Ausbesserungsarbeiten aus... In den meisten Waldgebieten bleibt es der Natur selbst überlassen, ihrer eigenen Vorliebe zu folgen, wachsen zu lassen, was ihr gefällt, und es muß ihr zugestanden werden, daß sie selten im Widerspruch zu den Interessen des Besitzers handelt.*

*R.L. Allen, The American Farm Book, 1849*

*Gemäß der üblichen Einschätzung der Bauern erbringt ein Waldstück seinen angenehmen Zinsertrag von 6 % ohne irgendwelche Sorgen oder Gedanken, während der Besitzer schläft oder reist, und es ist keinem anderen Feind als dem Feuer unterworfen.*

*Ralph Waldo Emerson, Country Life in:*
*Natural History of Intellect (Vol. XV), 1904*

*Bisher haben wir den größten Teil unserer fürsorglichen Aufmerksamkeit auf die Nahrung gerichtet: So sollte es auch sein, weil sie das Wichtigste ist, was das Land hervorbringt. Aber es bringt ebenso eine Anzahl nicht eßbarer Dinge hervor, zum Beispiel Wald. Jahr für Jahr, sagen die Fachleute, machen sich Bäume besser bezahlt als Getreideernten.*

*Henry Tetlow, We Farm for a Hobby and Make It Pay, 1938*

# Forstwirtschaft in Maine

Im Leben der Menschen und ihrer geschriebenen Geschichte haben die Produkte von Bäumen von jeher eine bedeutende Rolle gespielt. Sicherlich stellen Bäume auch künftig eine der Lebensgrundlagen für die Menschheit dar.

Bevor die Menschen lernten, Tiere zu zähmen und die Erde zu bestellen, sicherten sie sich einen bedeutenden Teil ihres Nahrungsbedarfs direkt von Bäumen. Sie verwendeten Baumblätter, Baumwurzeln, Baumsaft, Baumrinde, Baumschößlinge, Baumblüten und als Nahrung Baumfrüchte. Als der Gebrauch des Feuers weit verbreitet war, nutzte man das Holz der Bäume zur Wärmeerzeugung und zur Nahrungszubereitung. Bis vor kurzem waren Bäume in Form von Bauholz das am meisten verwendete Baumaterial. Sogar heute, in einer von Kunststoffen, Mineralien und Metallen beherrschten Zeit, finden sich für Holz noch eine Vielzahl von Verwendungsmöglichkeiten.

Jeder Klimagürtel zwischen den beiden Polen weist Baumbestände auf, die sich für die jeweilige Region besonders eignen. Maine ist da keine Ausnahme; hier wachsen wilde Apfelbäume. Ursprünglich waren sie Holzäpfel von lediglich minimalem Nutzen. Johnny Appleseed und seine Zeitgenossen führten in Neu-England Obstbäume und Beerensträucher ein, die in Europa entwickelt und in Nordamerika verfeinert wurden und die jene Sorten ergaben, die wir heute in der Landschaft von Maine vorfinden. In den Hecken und Dickichten entlang den Autobahnen gibt es auf früheren Weiden, wo sich nun das Unterholz breitmacht, zahllose wilde Apfelbäume.

Unsere Farm in Maine ist für den Anbau winterharter Früchte gut geeignet. Vor einem Jahrhundert war ein großer Teil der Farm von einem blühenden Obstgarten bedeckt. Als wir das Grundstück 1951 kauften, trugen einige dieser alten Obstbäume immer noch Früchte. Es waren hervorragende Exemplare, richtige Antiquitäten – einige von ihnen müssen mindestens 100 Jahre alt gewesen sein.

Wo immer wir auf dem Land rodeten, fanden wir kleine Apfelbäume, die sich im Unterholz unseres wachsenden Waldes behaupteten. Mehrere dieser wilden Bäume standen jedes Frühjahr in voller Blüte.

Wenn wir im Waldstück unsere jährliche Säuberung machen und vielversprechende Apfelbäume finden, roden wir den Platz um die Bäume herum und beschneiden sie genauso, wie wir jeden anderen aussichtsreichen jungen Obstbaum beschneiden würden; wir dünnen die meisten der Fruchtknospen aus und prüfen, ob die verbleibenden Ansätze Früchte ansetzen. Wir beobachten, daß Apfelbäume wie andere Waldbäume reagieren, wenn sie zu hoffnungsvollen jungen Bäumen heranwachsen. Sie wachsen mit den benachbarten Sträuchern und Bäumen auf und wetteifern um das Sonnenlicht.

Ein Apfelbaum in der Nähe von unserem Heidelbeerfeld gehörte zu dieser Waldsorte, mit Blüten und Früchte in der Spitze, 12 m über dem Boden. Der Stamm hatte unten einen Durchmesser von etwa 20 cm. Da er kräftig aussah, rodeten wir um ihn herum und ließen ihn stehen, als wir 1953/54 unsere Heidelbeerplantage anlegten. Der Baum trug Äpfel von mäßiger Größe, die oben in der Krone des Baumes hingen. Fast jeder Apfel war durch Apfelschorf geschädigt.

Konnten wir dieses wilde, in einem jungen Wald gewachsene Wesen in einen disziplinierten und produktiven Träger von Früchten verwandeln, die Menschen attraktiv erscheinen? Wir entschieden uns für ein Experiment.

Wir kletterten den Apfelbaum hoch und sägten etwa 4 m über dem Erdboden, wo es einen Wirbel von Seitentrieben gab, die Spitze des Baumes ab; an dieser Stelle betrug der Durchmesser des Stamms etwa 12,5 cm. Kurz: Wir sägten den Baum in zwei Hälften und nahmen die gesamte Spitze ab, die die meisten Blüten und Früchte getragen hatte. Dann beschnitten wir die untere Hälfte des Baumes so, daß er wie ein gewöhnlicher Obstgartenbaum aussah. Drei oder vier Jahre trug der Baum wenig Blüten und wenig Früchte. Heute sieht er aus wie ein normaler Obstbaum und liefert gute Ernten mit guten Äpfeln.

Als wir die Farm übernahmen, fanden wir ein paar Bäume, die ziemlich nahe beieinander standen und die wir als »Wilde« bezeichneten. Die Bäume standen in der Nähe von unserem Garten und in der Nähe des Kompostbereitungsplatzes. Beide Bäume waren so nahe an einem

Graben, daß ihre Wurzeln von Quellwasser unterhöhlt wurden. Einer von ihnen neigte sich im Winkel von 20°. Die Bäume waren wild gewachsen und trugen beide Früchte, aber unseres Wissens nach waren sie nicht gepfropft. Der geneigte Baum war der kräftigere und trug größere Ernten. Die Äpfel von beiden Bäumen ergaben guten Saft und Apfelkompott.

Zunächst leiteten wir die Quelle unter ihren Wurzeln um und düngten und mulchten die Bäume großzügig. Schon bald wurden die Früchte größer und schmackhafter. Der Apfelschorf, der beide Bäume befallen hatte, verminderte sich beachtlich, obwohl wir keine Spritzmittel verwendeten. Immer wieder sortierten wir die Früchte gründlich und entfernten wurmstichige und schorfige Äpfel. In guten Apfeljahren produzierten die Bäume große Erträge. In unserer guten Apfelsaison 1975 pflückten wir von den beiden Bäumen 90 Eimer Äpfel. Die Äpfel waren groß und schmeckten ausgezeichnet. Im Keller hielten sie sich bis in den Frühling hinein.

So weit klingt es fast, als ob das Hauptprodukt der Forstwirtschaft die Fruchterträge von Bäumen seien, während die Geschichte und die Erfahrung zeigen, daß das Holz die eigentliche Haupternte der Wälder darstellt: Holz als Brennstoff, Holz für Bauwerke, Holz für Möbel, Holz für Papier, Holz für tausenderlei Dinge. Vor nicht allzu vielen Jahren waren große Teile von Amerika, Asien und Afrika noch von jahrhundertealten unberührten Wäldern bedeckt. Heute stehen sämtliche verbliebenen bewaldeten Gebiete unter dem starkem Druck, Holz zu Bargeld machen zu müssen. Weil die Weltbevölkerung steigt, wächst auch der Bedarf an Holz.

Weite Teile der Erdoberfläche sind besser für die Produktion von Holz geeignet als für irgendein anderes Produkt. Steile Berge, enge Täler, karger Boden, rauhe klimatische Bedingungen machen Landwirtschaft und Gartenbau schwierig. In solchen Gegenden ist die Nutzung von Bäumen natürlich. Zu dieser Kategorie zählt ein großer Teil Neu-Englands. Seit Abertausenden von Jahren werden hier hochwertige Forstprodukte geliefert. Würden sich die Menschen etwa ein Jahrhundert lang aus Neu-England zurückziehen, würden sich aller Wahrscheinlichkeit nach solche Wälder wieder von selbst etablieren.

In China und Albanien haben die Menschen für die Nutzung von Land vorausschauend folgende Richtlinien entwickelt: an Bergen und steilen Hängen gibt es bis zur Baumgrenze Wälder, an sanften Abhängen findet man Obstgärten und Weinberge, und nur flaches oder nahezu flaches Land wird kultiviert. Nach solch einer Regel wäre Maine zum größten Teil bewaldet. Auf flacheren Hängen wären Obstgärten und Weinberge zu finden. Und nur auf relativ ebenem Land fände ein Anbau statt, so daß keine Gefahr der Erosion bestünde.

Wer in Neu-England siedelt und die Notwendigkeit der Forstwirtschaft einsieht, wird erkennen, daß das Roden und Auslichten der Waldparzelle auf der Prioritätenliste ganz oben steht.

Beim Auslichten unseres Waldstücks folgen wir einer simplen Regel. Wir entscheiden, welche Bäume auf einer bestimmten Fläche am besten gedeihen: Ist der Boden sumpfig, felsig oder hügelig? Wie nah sollten die Bäume in einem jungen, wachsenden Wald zusammen stehen? Die Antwort hängt vom Alter des Waldes und von der Sorte der Bäume ab. Weihnachtsbäume beispielsweise können in Abständen von 1,8 m x 1,8 m gepflanzt bzw. ausgedünnt werden. Jeder zweite Baum sollte – sobald er die verkäufliche Größe hat – herausgenommen werden. Zwar sollten sich die Bäume nicht drängeln, aber auf den Waldboden müssen auch keine Sonnenstrahlen treffen. So wie wir im Garten »ausdünnen« und »jäten«, können auch im Waldstück die gleichen Prinzipien angewandt werden.

In einem mäßig großen Waldstück besteht unser Hauptziel darin, Balken für das Sägewerk und Brennstoff zum Heizen und Kochen zu gewinnen. Holz zum Heizen sollte wenn möglich aus Hartholz bestehen. In unserer Region nahe der Küste ist Hartholz selten. Hier gibt es keine Eichen oder Buchen – zwei Bäume, die Holz mit einem maximalen Heizwert liefern. Als nächstes kommen Schwarzkirsche und Weißesche und dann Rottanne, Hemlocktanne und Balsamkiefer.

Das Baumfällen ist eine einfache Angelegenheit, solange Äxte und Sägen in gutem Zustand sind. Kleine Bäume mit einem Durchmesser von 20 – 25 cm stellen kein Problem dar. Das Fällen größerer Bäume mag etwas schwieriger sein. Besonders bei einem dichten Bestand sehr hoher Bäume ist es auch gefährlich. Wer allerdings in der Waldarbeit erfahren ist, kann im allgemeinen recht genau vorher bestimmen, wo ein Baum fallen wird, wenn dieser richtig eingekerbt und gesägt wurde.

Sind die Bäume markiert und liegen am Boden, werden alle Äste abgehackt oder abgesägt und die Stämme in bestimmte Längen geschnitten. Bei einem kommerziellen Projekt, bei dem hohe Löhne gezahlt werden, schneidet man die Stämme in Balken und Papierholz. Bei unserer Waldarbeit in kleinem Rahmen dagegen ist Sparsamkeit das bestimmende Prinzip. Wir schneiden einige Balken und etwas Papierholz, das meiste jedoch ergibt Brennholz zum Heizen und Kochen. So heben wir Äste auf, die man beim kommerziellen Fällen verschmähen würde, und schneiden sie auf Ofenlängen. Für uns ist gut getrocknetes Astholz ein hervorragender Brennstoff. Es läßt sich leicht schneiden und brennt prächtig. Für ein heißes Feuer kennen wir nichts besseres als gut getrocknete Äste.

Etwa vier Fünftel unserer Farm in Maine besteht aus Wald, der Jahr für Jahr besser wird. Ungefähr ein Fünftel ist gerodetes Land, das wir jedes Jahr abmähen, um wachsendes Unterholz zu unterdrücken und Grasland mit Heu zum Mulchen und für die Kompostbereitung zu erhalten.

Da wir keine Mähmaschine besitzen (die wir vielleicht sechs oder acht Stunden im Jahr benutzen würden), versuchen wir, für ein oder zwei Stunden jemanden aus der Nachbarschaft mit einer Maschine anzuheuern. Da es in unserer Gegend aber nur wenige funktionierende Maschinen gibt, haben wir uns Sensen gekauft. Ungefähr zwei Monate lang schwingt Scott nun früh am Tag die Sense – als morgendliche Übung vor dem Frühstück. Gerne erinnern wir uns an einen Sommertag im letzten Jahr, als acht oder zehn Leute aus der Nachbarschaft zu uns kamen, um ihre Energie, Zeit und Fertigkeiten beizusteuern. Von der Morgendämmerung bis zum Abend hatten sie für uns eine ganze Wiese mit der Hand gemäht. Mit all den Männern, Frauen und Kindern, die sich über unser Feld bewegten, war dies eine Szene, die an Breughel erinnerte.

Durch das Fällen von Bäumen und das Zurückhalten von Wildwuchs auf den Wiesen haben wir die gerodete Fläche unserer Farm im vergangenen Vierteljahrhundert etwas vergrößert. Wir bedauern jeden Hektar, den wir dem Aufforstungsprozeß stehlen. Die Natur hier in Maine bringt aus der nackten Erde prächtige hohe Stämme hervor. Wir bedauern jeden Schritt, den wir gegen diesen Prozeß unternehmen.

Fast alle, die sich in Neu-England niederlassen, sind versucht, etwas Land zu roden. Große und kleine Bäume, mehrjährige und einjährige, werden abgeschnitten, ihre Wurzeln werden zerstört, und die Erde wird nackt und bloß den Elementen überlassen, die sofort die Kräfte der Erosion in Bewegung setzen. Der Wind weht, das Wasser fließt, die Sonne brennt und das Feuer zerstört. Unter solchen Bedingungen sollte man meinen, daß die Erde im Laufe der Zeit verschwindet und nur das felsige Skelett der Landschaft überlebt. Dann hätten Landrodungen neben Strauch- und Unterholzverbrennungen vor Jahren Felsen an die Oberfläche gebracht. Aber das geschieht nicht, noch nicht einmal auf wasserlosem Land. Im Gegenteil, die Hügel und Täler von Neu-England haben jahrhundertelang ein vielfältiges Pflanzen- und Tierleben angezogen und ihnen eine Lebensgrundlage geboten.

Anstatt daß die Erosion die Initiative ergreift und über jedes bewegliche oder brennbare Teilchen verfügt, erzeugen die Naturkräfte Mutterboden, bereichern ihn und machen ihn nutzbar: im ersten Jahr für einjährige Pflanzen, im zweiten Jahr für Büsche und nach einem Jahrzehnt für Schößlinge, die auf dem Weg sind, stattliche Bäume zu werden.

Wer dumm genug ist, um Neu-England frei von Bäumen und Laubwerk halten zu wollen, hat eine Sisyphusarbeit übernommen. Man mag in den Prozeß eingreifen, aber man kann ihn nicht stoppen. Genausogut könnte man versuchen, Wasser vom Abwärtsfließen abzuhalten. Unter den bestehenden Bedingungen kann man einen Hektar Land von Vegetation nicht frei halten, ohne zu fällen, zu roden und zu mähen. Wenn man ein Stück Wiese eine Zeitlang sich selbst überläßt, geht sie durch eine Abfolge von Gras über Brombeeren zu Strauchwerk aus Erle, Birke und kleineren Waldhölzern, zu Halbharthölzern wie Esche, Weichahorn und letztlich zu Rottanne, Fichte, Hemlocktanne und anderen Weichhölzern.

Die Kräfte, die den Ergrünungsprozeß unvermeidlich machen und bereits Jahrhunderte, bevor Europäer nach Nordamerika kamen, am Werk waren, bedeckten den Staat Maine mit einer Gründecke, die von niedriger Bodenbedeckung bis zu prächtigen hohen Stämmen reichte. Vor nicht allzu langer Zeit wuchsen einige der feinsten Schiffsbau-Hölzer dieses Planeten in Maine. Zu jener Zeit nannte sich Bangor in Maine die Holzhauptstadt der Welt und begründete seinen Anspruch damit, daß es mit mehr Bauholz handelte als irgendeine andere Stadt der Welt. Maines unberührte Wälder wurden von der steigenden Nachfrage nach Holz und noch mehr Holz verschlungen. Heute sind alte Bäume in Maine eine Seltenheit. Die rauschenden Kiefern und Hemlocktannen, die einst die Fläche des Staates bedeckten, existieren nur noch in Liedern und Geschichten. Die Reproduktion des Waldes wird unterbrochen, sobald junge Bäume eine Größe erreicht haben, die sich zu gutem Papierholz verarbeiten läßt. Sie werden schnell zu den Papiermühlen befördert und in Zeitungspapier verwandelt, welches die Billigangebote der Supermärkte anpreist. Erstklassiges Bauholz importiert Maine heute aus dem Südosten, dem Nordwesten, aus Norwegen, Schweden und der Sowjetunion.

Wenn die Menschen ihre Hände, Äxte und Sägen einige wenige Generationen lang etwas zurückhalten würden, könnten das Klima und die Erde von Maine – den normalen Prozessen der Walderneuerung überlassen – wieder eine Grundlage werden für ein prächtiges Wachstum feiner Stämme.

*Der größte Wert wird uns gegeben, bevor das Holz heimgefahren wird... Es wärmt uns zweimal, und die erste Wärme ist die gesündeste und denkwürdigste. Verglichen damit ist die andere bloßer Brennstoff.*

*Henry David Thoreau, Journal, October 22, 1853*

*Ich fand das Holzhacken in den Sommermonaten sehr mühselig. Ich hätte besser mein Brachland im Herbst abgeholzt, bevor die Blätter fallen, und das lange Nutzholz während der Wintermonate gehackt. So hätte ich das warme Wetter für das Holzfällen und Verbrennen gehabt, was am ersten Septembertag vollendet gewesen wäre. Daher war die Arbeit aus Mangel an Erfahrung mühselig für mich.*

*Samuel Strickland, Twenty-seven Years In Canada West, 1853*

*Wenn in Familien, in denen eine strenge Sparsamkeit herrscht, irgendwo doch ein großzügiger Geist Eingang findet, so sollte dieser dafür sorgen, daß die Feuerstelle ein Ort des Lichtes und der Freude ist, wo an einer Winternacht der verbleibende Klotz der Eiche zischt und das Holz des Hickorybaumes glüht, bis sich eine ansteckende Wärme im Familienkreis breitmacht und der Januar keineswegs mehr weniger erfreulich erscheint als der Juni.*

*Joseph and Laura Lyman, How to Live, 1882*

*Es gibt einen großen Unterschied zwischen einem Nutzwald und einem idealen Farm-Waldstück. Das letztere muß eine Vielzahl von Bedürfnissen erfüllen. Je mehr verschiedene Holzarten es enthält, desto besser. Und es sollte Bäume jeder Größe und jeden Alters enthalten, so daß es eine beständige Versorgung mit Material für verschiedene Zwecke gibt. Unser größtes Bedürfnis ist Brennholz. Obwohl wir vom ersten Herbst bis in den späten Frühling hinein vier Feuerstellen regelmäßig nutzen, mußten wir selten einen ganzen großen Baum nur für Brennholz zerkleinern: Dieses liefern zu 90 % unerwünschte oder umgestürzte Bäume sowie das Kronenholz der Bäume, die für Pfosten geschnitten werden.*

*Henry Tetlow, We Farm for a Hobby and Make It Pay, 1938*

# Holz als Brennstoff

Die Nutzung von Holz war schon immer eine grundlegende Einnahmequelle, eine angenehme Freizeitbeschäftigung und eine gesundheitsfördernde Tätigkeit, seitdem Menschen lernten, Feuer zu machen und es für ihre Zwecke zu gebrauchen. Diese Methode ist noch immer beliebt, sogar in den Zentren der Technologie, der Mechanisierung und der Automation. Holz heizt Häuser und hilft bei der Nahrungszubereitung in Millionen Häusern und Höfen auf dem ganzen Planeten.

Die Forstnutzung kann von all jenen ausgeübt werden, die ein Haus bzw. eine Farm besitzen. Man benötigt nur ein paar einfache Handwerkszeuge, deren Benutzung ohne weiteres schnell erlernt werden kann. Die freie Zeit, die sonst vor dem Fernsehgerät verbracht wird, läßt sich auf diese Weise sinnvoll nutzen. Und schließlich halten sich sogar gebrechliche alte Knaben im Freien auf, leisten dabei einen echten und wesentlichen Beitrag zum Familieneinkommen und erhöhen den Familienkomfort durch ein knisterndes Feuer.

Während eines Besuches in England vor nicht allzu langer Zeit besuchten wir einen Freund, Gordon Latto, der ein Haus auf dem Lande in der Nähe von London besitzt. Gleich nach der Begrüßung führte Gordon Scott – auf seine Bitte hin – an eine Ecke im Hühnerhof und zeigte ihm seinen Holzstoß. Ein Nachbar hatte einige Hausumbauten gemacht, die das Fällen mehrere Bäume erforderten. Anstatt die Stümpfe und großen Äste dieser Bäume auf den Müll zu werfen, hatte Gordon den guten Einfall, sie in seinen Hof bringen zu lassen. Da lagen sie nun, bereit, auf Brennholzlänge zersägt zu werden. Geschnitten, gestapelt und getrocknet konnte das Holz zu einem Holzschuppen gefahren werden, der direkt neben dem Wohnzimmer mit offener Feuerstelle lag.

Scott krempelte die Ärmel hoch, dankte seinem Gastgeber für die beiden neuen Sägen und die scharfe Axt, die zu seiner Verfügung standen, und verbrachte fröhlich den Rest des Morgens damit, passendes Holz für die Feuerstelle zu schneiden. Nach mehreren Tagen im Flugzeug und Nächten in Hotelzimmern war es für ihn eine wunderbare Erleichterung, stundenlang Holz zu sägen.

Horace Greeley, der frühere Herausgeber der New York Times, liebte das Holzhacken genauso wie Scott. 1868 schrieb er in seinem Buch *Recollections of a Busy Life*: »Die Wälder sind meine Spezialität. Wann immer ich einen Samstag für die Farm freihalten kann, versuche ich, einen guten Teil davon in meinem Waldstück zu verbringen. Die Axt ist das gesündeste Werkzeug, das der Mensch jemals bedient hat, besonders für Leute, die viel schreiben oder den Tag mit anderen sitzenden Tätigkeiten verbringen. Es wirft die Schulter zurück, dehnt die Brust aus und öffnet die Lungen. Wenn jeder Mensch zwischen 15 und 50 Jahren zwei Stunden am Tag eine Axt schwingen könnte, würden Verdauungsstörungen von der Erde verschwinden, und Rheumatismus käme weitaus seltener vor. Ich kann gar nicht gut Holz hacken, doch die Axt ist mein Doktor und meine Freude. Ihr Gebrauch gibt dem Verstand gerade genug Beschäftigung, um Träumereien oder mühsame Gedankenketten zu verhindern, während jeder Muskel im Körper ausreichende, aber nicht ermüdende Bewegung erhält. Ich wünsche, alle unsere Jungen würden die Axt lieben lernen.«

Das Holzhacken bietet noch einen weiteren Vorteil von überragender Bedeutung. Von der Entscheidung, einen Baum zu fällen oder nicht, über alle Arbeiten des Fällens bis zum Zerkleinern sind mit der Holzarbeit eine Reihe von Wahlmöglichkeiten, Entscheidungen und Herausforderungen verbunden, die den Holzarbeiter oftmals ganz in Anspruch nehmen oder verblüffen. Mit Erfahrung, Scharfsinn, Behendigkeit und Scharfblick ausgerüstet blickt der erfolgreiche Holzhacker nach einer halben Stunde oder einem halben Tag als Ergebnis seiner Mühen auf einen Stoß oder Haufen gehacktem Holz. Jeder korrekt gefällte Baum, jeder richtig gehackte und gestapelte Block bietet die Gelegenheit, die getane Arbeit zu bewerten, Neues auszuprobieren und auf ein Ergebnis zu blicken – und zwar in jedem Augenblick, in jeder Stunde. Jeder Baum, Klotz oder Stab ist mit seinem möglichen Ergebnis ein Problem für sich. In der nördlichen Klimazone wird Holz noch eine lange Zeit eine wichtige Quelle des Lebensunterhaltes darstellen.

Wir kochen und heizen mit Holz. Seit wir ein Waldstück haben, kommt die äußere Energie, die wir benötigen, um uns zu ernähren und in der kalten Jahreszeit zu wärmen, von einer von uns selbst kontrollierten Quelle. Holz und Öfen machen uns von importiertem Brennstoff unabhängig.

Hier in Maine veranschlagen wir unseren Brennstoffbedarf folgendermaßen: Ein Kochherd für eine Familie verbraucht im Laufe eines Jahres ungefähr 13.000 $m^3$ mäßig gutes, trockenes Holz. Ein Dauerbrenner für lange Holzklötze, der mehrere Räume im Haus heizt, benötigt in einem Jahr etwa die gleiche Menge Holz.

Bei richtiger Planung müßte ein Waldstück einer Größe von vier Hektar, das richtig ausgedünnt und gesäubert wird, eine angemessene Holzversorgung liefern, wenn der Brennstoff optimal gelagert und getrocknet wird. Für Holz haben wir zwei Hauptquellen: Die erste ist unsere Waldparzelle von etwa sechs Hektar mit jungem und altem Bestand, und die zweite ist das Treibholz, das mit jeder Flut und besonders mit jedem Sturm in unsere Bucht gebracht wird. Gelegentlich treiben ganze Bäume herein. Einer der Stämme, die letztes Jahr in unserem Holzschuppen landeten, war 15 m lang und hatte am dicken Ende einen Durchmesser von 60 cm. Er war völlig mit Wasser vollgesogen und daher sehr schwer. Unserer Meinung nach handelte es sich um eine Hemlocktanne, denn es gab sehr viele Verdickungen. Wir sägten den Baum am Strand in zwölf Stücke, luden diese unter einigen Schwierigkeiten in unseren Lieferwagen und schleppten sie zu unserem Holzplatz, wo sie wie riesige Blöcke von Stonehenge eine Weile zum Trocknen herumstanden. Dann wurden sie zerhackt und unter dem Dach gelagert.

Im allgemeinen bringt uns das Flutwasser Holz in Form von Klötzen oder etwa 1 m großen Scheiten, die als Brennholz oder für die Papiermühle gedacht waren. An unserem Strand enden viele alte Balken von Kaianlagen, Molen und Baustellen. Etwa die Hälfte unseres Brennholzes ist Treibholz. Allerdings ist dieses Holz kein gutes Holz für Öfen und Feuerstellen, sogar wenn es sehr gut getrocknet ist, da es Kreosot produziert, das den Kamin verstopft. Aber wir verbrauchen gerne Abfallprodukte, und außerdem wird auf diese Weise der Strand saubergehalten.

Holz aus dem Waldstück und aus dem Meer schneiden wir auf drei verschiedene Längen zu: Klötze von entweder 2,5 oder 3,5 m Länge, Scheite von entweder 1 m oder 1,2 m Länge sowie unterschiedliches Holz, das auf Ofenlänge geschnitten wird.

Unser Holzbedarf ergibt sich aus der Größe der Brennkammern unserer Heiz- und Kochherde. Unsere Öfen können Holz von einer Länge bis zu 70 cm aufnehmen, in unseren Küchenherd dagegen passen keine Scheite, die länger sind als 40 cm. Um Zeit zu sparen und das Hantieren mit dem Holz zu erleichtern, schneiden wir unser gesamtes Holz auf zwei einheitliche Längen zu: 40 cm für die Küche und 50 cm für die großen Öfen. Die 40 cm ergeben sich aus der Größe der Brennkammer, die 50 cm sind das Ergebnis einer Entscheidung, Holz nur in zwei verschiedenen Längen im Schuppen zu stapeln – ein Stapel für die Küche und einer für die Dauerbrenner. Wenn das gesamte Holz in diesen Größen hereinkommt, ist das Stapeln relativ leicht. Sind die Holzstücke dagegen unterschiedlich lang, ist das Stapeln mühselig und lästig.

Die Bedingungen zum Trocknen von Holz sind im Küstengebiet von Neu-England wegen häufigen Nebels, starker Bewölkung, heftiger Winde und zahlreicher Niederschläge nicht sonderlich günstig. Eine kurze Zeit nach dem Schlagen kann das Holz im Freien gelassen werden, erhärten und – bei Sonne – oberflächlich austrocknen. Optimal ist es, das Holz zum Heizen wie das Holz zum Kochen unter einer Überdachung zu lagern.

Während der Zeit, in der das Holz trocknet, schneiden wir Baumstämme und Äste mit einem Durchmesser von 12,5 cm oder mehr auf 2,5 m Länge und stapeln sie auf Paletten. Eine Palette besteht aus zwei Pfosten oder kleinen Scheiten, die in einem Abstand von gut 1 m so auf die Erde gelegt werden, daß die Bodenscheite keinen Bodenkontakt haben und nicht verrotten. Wenn man viel Holz hat, ist es ratsam, Stöckchen, Pfähle oder einzelne Stücke Bauholz dazwischenzulegen, so daß es einen Luftraum zwischen den oberen und unteren Lagen der Stämme gibt.

Aufgrund unserer Erfahrungen in den österreichischen Bergen stellen wir Äste und Pfähle – anstatt sie auf den Boden zu legen, wo sie Feuchtigkeit anziehen – an ihren dicken Enden aufrecht aneinander, so daß das Ganze wie ein Tipi aussieht. Alles weitere Holz, ob lang oder kurz, paßt in solch ein Tipi, solange es am dicken Ende einen Durchmesser von 10 cm oder weniger hat.

Die Tipi-Konstruktion ist einfach. Wir stecken einen 2,5 – 3 m langen Stock in den Boden. Gegen diesen Stock lehnen wir Pfosten und Äste mit dem dicken Ende nach unten, in konzentrischen Kreisen. Größere Tipis haben auf Bodenhöhe einen Durchmesser von 2,5 – 3 m. Einige Tipi-Stangen sind 5 – 6 m lang. Das Tipi-Holz steht aufrecht im Sonnenschein und in der frischen Luft – anstatt auf dem feuchten Boden zu liegen. Regen und Feuchtigkeit laufen daran ab, und es trocknet schnell aus.

Seitdem wir mit den Wetterbedingungen von Neu-England leben, wo trockenes Holz sozusagen zwingend notwendig ist, stellen wir einen Teil eines Gebäudes oder ein separates Gebäude für Holz bereit.

Der Holzschuppen selbst hat eine ganz einfache Konstruktion: Er ist an allen vier Seiten offen, um so viel frische Luft und Sonne wie möglich hineinzulassen. Unser Hauptholzschuppen ist auf einem hervorstehenden Felsen gebaut. Wir suchten vier Felserhebungen aus, säuberten sie sorgfältig und bauten auf jedem der Felsen eine hölzerne Verschalung. Die vier Felsen ergaben mit ihren Pfeilern ein Viereck von 3,5 x 4 m. Die vier Holzverschalungen wurden so auf die unebenen Felsvorsprünge gebaut, daß die Oberkanten auf gleicher Höhe waren (zwischen 25 und 45 cm vom Boden aus). In diese Verschalungen gossen wir Beton aus sechs Teilen Kies, drei Teilen Sand und einem Teil Zement, was zusammen zu einer zähen Masse vermischt wurde.

In die Mitte jedes dieser vier Fundamente, an allen vier Ecken des künftigen Schuppens, setzten wir ein Stück Eisen mit einem Durchmesser von 2,5 cm und einer Länge von etwa 60 cm – eine Hälfte im Fundament, die andere aufrecht in der Luft.

Wir planten den Holzschuppen in einer Höhe von etwa 2 m über den Fundamenten. Also schnitten wir vier Zedernpfosten auf gut 2 m Länge zurecht, bohrten ein 30 cm tiefes Loch in die Spitze eines jeden Pfostens, und sobald der Beton gehärtet war, setzten wir die vier Pfosten mit dem Fußende nach oben auf die Eisenbolzen im Beton.

Wir richteten die vier Eckpfosten aus, teilten die Oberfläche eines jeden Pfostens in vier Segmente und schnitten jeweils die drei äußeren Teile heraus, d. h. wir beließen das innere Viertel mit einer Höhe von 15 cm und zwei Schultern, um die 15 x 15 cm großen Rottannenbohlen zu tragen. Diese waren an den Enden mit der Hand behauen worden, um die Eckverbindung an allen drei Ecken zu ermöglichen.

Nun wurden Dübel vertikal in die Eckpfosten und horizontal in den vorspringenden inneren Quadranten jedes Eckpfostens gesteckt. Jeder Eckpfosten wurde von zwei handbehauenen Tannenbalken in Position gebracht, deren Enden 45° abgeschrägt und mit Dübeln befestigt waren.

Der Firstbalken war ein handbehauener Tannenbalken, der an jedem Ende auf die Bohlen gesetzt und von einem auf 15 x 15 cm handbehauenen Pfosten gestützt wurde.

Als nächstes mußten wir einen Ring großer Nägel zur Hälfte in jeden Eckpfosten schlagen, die Einschalungen 10 cm anheben und einen zähen Kies-Sand-Zement-Beton in die erhöhten Formen gießen, der so die vier Fundamente, die vier Pfosten und die vier Bohlen fest mit dem Felsvorsprung verband, auf dem die neue Struktur ruhen sollte.

Wir hatten Glück, da ein Bauunternehmer gerade ein altes und sehr gut gebautes Haus in Harborside abreißen ließ. Er hatte die Dachsparren, die voller Holzsplitter und hervorstehender rostiger Nägel waren, auf einen Stapel geworfen. Das Ganze sah ziemlich unansehnlich aus.

Wir sprachen ihn an und bemerkten dabei diesen Haufen alter Sparren. Der Bauunternehmer meinte: »Für 20 Dollar können Sie diesen Haufen haben.« Wir gaben ihm einen 20-Dollar-Schein, luden die vernagelten Sparren in unseren Laster, fuhren mit unserem Schatz heim, zogen über tausend Nägel heraus und hatten genügend feste Balken als Sparren für den neuen Holzschuppen.

Das Gebäude sollte ein Dach aus Aluminiumplatten bekommen. Die Ladung der Schrott-Sparren von Harborside lieferte uns nicht nur Sparren für das neue Gebäude, sondern auch genug feste Balken, die als Latten zum Tragen des Aluminium-Daches dienen konnten. Durch die Verwendung der Sparren erreichten wir an den beiden Traufenseiten des Daches einen Überhang von fast 1,2 m.

Auf diese Weise hatten wir nun für unser Holz einen Raum von 3,5 x 4 m und einen günstigen, relativ trockenen Raum an beiden Seiten unter dem überhängenden Dach. An diesem trockenen Ort konnten wir Holz ausbreiten und es an regnerischen Tagen bearbeiten oder Holz aufstapeln, während es auf Stauraum wartete.

Die vier Seiten des Schuppens wurden von vier Stößen aus kleineren Holzstücken gebildet, deren Enden zur Wetterseite hin zeigten. Innerhalb dieses geschützten »Hauses«, durch das ein starker Wind pfiff, in das aber nur bei starkem Wind ganz feiner Schnee getrieben werden konnte, hatten wir an Regentagen einen Arbeitsplatz, der allmählich von immer mehr Holzstößen gefüllt wurde, während wir unseren Bedarf für den kommenden Winter sammelten.

Im Holzschuppen befindet sich neben einer alten Axt und einem Haken ein Satz Meßlatten, die ungefähr so groß sind wie normale Holzlineale. Jede ist einfach mit einem Stift markiert: 40 cm für den Küchenofen, 50 cm für die Dauerbrenner, 60 cm für den großen Ofen. Die Meßlatten haben durchgebohrte Löcher und hängen zusammen an einem Nagel an einem Eckpfosten. Mit der Meßlatte in der linken und einer 30 cm langen Bogensäge in der rechten Hand sind wir auf alles vorbereitet, was einen Durchmesser von bis zu 20 cm hat.

Haben wir beispielsweise an einem Regentag mal eine halbe Stunde nichts zu tun, können wir im Holzschuppen unterm Dach mit jeder Sägebewegung etwas Praktisches und Produktives leisten. Zusätzlich zu den drei schwedischen Sägen besitzen wir noch eine 90 cm und eine gut 1 m lange schwedische Bügelsäge, die wir für Blöcke mit einem Durchmesser von mehr als 20 cm benutzen.

Zu den schwierigsten Arbeiten der Selbstversorgung auf dem Land gehört es, den Arbeitsplatz und die Werkzeuge sauber zu halten und ordentlich an ihrem Platz aufzubewahren. Auf einem normalen Hof, sogar auf einem kleinen, ist das ein ständiges Problem. Jede Jahreszeit hat ihre besonderen Ansprüche, und für jede Arbeit gibt es angemessene Werkzeuge. Manchmal werden täglich oder gar stündlich unterschiedliche Geräte benötigt – da ist es hilfreich, wenn diese an ihrem Platz sind.

Neben den Äxten und Holzhacken bewahren wir im Holzschuppen Sägen, Schaufeln und Harken auf. Wir halten unsere Sägen stets scharf und haben für jede Säge einen Platz, um sie aufzuhängen, wenn sie nicht benutzt wird. Wenn Werkzeuge immer nach Gebrauch gesäubert und an ihren Platz gelegt werden, wird man sie höchstwahrscheinlich auch finden, wenn man sie braucht. Werkzeuge können ein Leben lang halten, wenn sie geschärft und in Ordnung gehalten werden. In unserem Holzschuppen haben wir noch eine doppelschneidige Axt mit einem Schaft aus Hickoryholz, die Scott als junger Mann um 1900 benutzt hatte. Sicherlich ist die Axt inzwischen abgenutzt und stumpf und wird heute hauptsächlich zum Graben verwendet, aber der Griff ist immer noch in Ordnung, und sie ist ein handliches Werkzeug, das man gern bei sich hat.

Nach jedem Arbeitsmorgen oder -nachmittag sammeln wir die Werkzeuge zusammen, die wir benutzt haben, reinigen sie mit speziell für diesen Zweck zurechtgeschnittenen Streifen aus Sackleinen und stellen sie an ihren Platz im Holzschuppen. Eine große Maschine, z. B. eine Zementmischmaschine, muß nach jeder kleineren oder größeren Arbeit ausgewaschen und ausgekratzt werden, wenn sie in Ordnung bleiben soll. Wir hatten einmal einen Zementmischer mit Handbetrieb, der Beton schneller mischte, als wir es mit der Schaufel im Schubkarren tun konnten, aber es war sehr mühselig, ihn zu reinigen und unterzustellen. Als er einige Jahre nutzlos herumstand und nur Platz im Schuppen wegnahm, gaben wir ihn weg.

Schubkarren gehören zu unseren Lieblingsgeräten. Wir besitzen eine ganze Batterie aus vier metallenen Baukarren mit vorn angebrachten Karrenkippern. Im allgemeinen verwenden wie sie, um sperrige oder schwere Materialien zu transportieren. In Maine benutzen wir solche Schubkarren für all unsere Betonarbeiten. Erst vor kurzem entdeckten wir einen neuen Sperrholz-Karren, der noch in Vermont hergestellt wurde. Er hat zwei Räder und braucht daher einen breiteren Fahrweg als ein einrädiger Karren, und er trägt mehr Ladung. Obwohl er mehr Stauraum einnimmt, ist er dem einrädrigen Karren beim Transport leichter, sperriger Materialien wie Heu weit überlegen.

Wenn man auf einem Schiff eine Kabine mietet, hat man kaum eine andere Wahl, als die Dinge ordentlich zu halten. Der zur Verfügung stehende Raum ist so begrenzt, daß überflüssige Dinge einfach nicht toleriert werden können. Aber wenn man auf einem halben oder gar einem Hektar Land lebt, gibt es unermeßliche Möglichkeiten für Unordnung und Wirrwarr. Da ist ein Vorhof, eine Wiese hinter dem Haus und ein Holzschuppen – und schon liegen Balkenstücke herum, Blechdosen für den Müll, ein überzähliges Maschinenteil, ein Auto ohne Räder, ein kaputter Kultivator oder ein Heugestell, bis das ganze Grundstück aussieht wie eine wilde Müllkippe. Ein moderner Hof füllt sich mit Resten und Abfall, die schon bald zu Unordnung und Chaos führen. Für die Praxis des guten Lebens ist eine gewisse Ordnung im Wald, im Holzschuppen, im Werkzeugschuppen sowie in Haus und Hof eine wesentliche Voraussetzung.

Wenn das Holz nicht fachgerecht gestapelt wird, wird es sich mit der Zeit zu der einen oder anderen Seite neigen und früher oder später umkippen. Ein normaler Holzstoß mit 1,2 m langem Holz wird im allgemeinen stehen bleiben, wenn er weniger als 1,8 m hoch ist. Kürzere Holzstücke stellen immer Probleme dar. Das gesamte Holz in unserem Schuppen hat eine Länge von weniger als 1,2 m. Unser 40 cm langes Ofenholz ist in jedem Stoß, der mehr als etwa 1 m hoch ist, ein Problem. Hat man ein dichtes Dach über dem Kopf und irgendeinen seitlichen Schutz, kann man das Ofenholz immer aufs Geratewohl auf einen Stapel werfen. Nach drei oder vier Monaten ist dann fast das gesamte Holz zum Verbrennen trocken genug. In den Holzschuppen von Scotts Großvätern war dies üblich, da sie mehr ungenutzten Raum hatten, als sie brauchten. So sägten und spalteten sie das Brennholz und warfen es auf Stapel, die bis an das Schuppendach heranreichten. Wir beide sägen und hacken gern, und wir freuen uns über ordentliche, gerade und solide Holzstapel.

Wenn wir unser Astholz und Stammholz sägen, suchen wir gerade Stücke mit einem Durchmesser von etwa 2,5 cm heraus, schneiden sie auf 80 cm Länge und halten beim Stapeln des Holzes einen kleinen Stoß davon bereit. Statt das Holz nacheinander zu stapeln, errichten wir zwei Stapel gleichzeitig nebeneinander. Alle 25 cm legen wir ein solches 80 cm langes Querstück über beide Stöße, nach jedem Meter auch eines seitwärts, und stapeln weiter über diese Verbindungsstücke hinaus. Daraus ergibt sich ein 80 cm breiter Stapel, der sich selbst trägt, wenn er höher wird. Die Chancen, daß zwei solcher Stapel aufrecht stehen bleiben, bis sie für den Ofen gebraucht werden, sind recht hoch.

Wenn der Stapel aus dem 40 cm langen Holz die gewünschte Höhe erreicht hat, ist er ein Kunstwerk, falls er geschickt errichtet wurde. Möchte man noch einen Schritt weitergehen und dieses Kunstwerk verfeinern, kann man ein ca. 15 cm dickes und 1 m langes Brett entweder senkrecht oder waagerecht gegen den fertigen Stapel lehnen und mit einer leichten Axt darauf klopfen, so daß alle Holzenden auf einer Linie sind und der Stapel so gleichmäßig ist wie eine Wand.

Wir gehen das gesamte Gestrüpp sorgfältig durch und sägen Äste bis zu einem Durchmesser von 2,5 cm. Und was geschieht mit dünneren Ästen? In West- oder Mitteleuropa wird dieses Strauchwerk mit Respekt behandelt. Hier in Neu-England lassen die meisten Leute es dort, wo es hinfällt, es sei denn, sie nehmen – wie wir – das Problem von Waldbränden und die schwindenden Holzvorräte ernst.

Wir entwickeln eine Methode der Kleinholz-Herstellung, die der europäischen Tradition folgt. In West-Europa ist es vielerorts schwer, irgend ein brennbares Material zu bekommen – ganz gleich ob fossile Brennstoffe oder Holz. Folglich sammeln die Leute in allen Teilen der Welt, in denen Holz knapp ist, jedes greifbare Stück brennbaren Materials, einschließlich Reisig, und nutzen es zum Kochen oder Heizen. Aus dieser Notwendigkeit entstand das europäische Reisigbündel: ein Bund Zweige oder Äste, das zurechtgeschnitten und mit gedrehtem Gras, Zweigen oder anderem brauchbaren Material, einschließlich Abfallfäden, zusammengebunden wurde.

Wir machen zwei verschiedene Arten von Bündeln: Dünne Anzünder für Feuer sowie Bündel aus Reisig und Aststücken mit einem Durchmesser von 2 – 4 cm. Das Material sollte, wenn es zusammengebunden wird, zumindest teilweise trocken sein. Es sollte dann gebrochen oder auf Brennkammerlänge geschnitten und zu Einheiten zusammengebunden werden, die zusammen mit kleinen Mengen Papier angezündet werden können. Wenn sie gut gemacht wurden und trocken sind, stehen sie beim ersten Streichholz in Flammen.

Wir haben passende Tröge aus einem Bodenteil und zwei Endstükken gemacht, in denen wir die Reisigbündel sammeln. Der Boden ist mindestens 20 cm breit. An die Ecken sind zwei 10 cm breite Latten genagelt. In passenden Abständen sind Einkerbungen vorhanden, so daß jedes Bündel mit zwei Strängen Bindematerial zusammengebunden wird. Durch die Kerben sind Bindfäden gezogen. Der Trog ist mit Stücken gefüllt, die auf Länge geschnitten oder gebrochen wurden; die Bänder sind mit leicht zu lösenden Knoten befestigt. Wenn der Faden sich für zwei oder mehrmaligen Gebrauch eignet, um so besser. Diese Bündel können bis zu einem Dutzend oder mehr Stück Reisig oder Holz enthalten.

Wir kennen in den USA niemanden, der sich die Mühe macht, solche Bündel herzustellen. Für uns sind sie von unschätzbarem Wert zum Aufbrauchen kleiner Holzstücke, die sonst schwierig zu stapeln wären und deshalb weggeworfen würden.

Soviel über das Holzhacken. Wie jede andere Aktivität kann Holzhacken einfach eine langweilige Hausarbeit sein, oder aber man nutzt die Gelegenheit, etwas Kreativität in diese Arbeit einzubringen. Fast jede Handlung kann auf unterschiedliche Art und Weise ausgeübt werden – effektiv, sinnvoll und künstlerisch oder sorglos, gleichgültig und schlampig.

Sorgfalt und Kreativität sind die Mühe wert. Sie sind für die Tätigen eine Befriedigung und für die Betrachtenden eine Freude. Für uns machen sich Leistung und Kunst immer wegen der Befriedigung bezahlt, die sich einstellt, wenn man eine Arbeit gut ausgeführt hat.

Wir leben in einem Zeitalter der schnellen und einfachen Energieversorgung durch Kerosin, Benzin, Erdgas, Heizöl und Elektrizität. Die Versorgung mit diesen fossilen Brennstoffen ist begrenzt, so daß die steigende Nachfrage auf diese Weise immer weniger gedeckt werden kann. All diese Brennstoffe werden zu hohen Preisen, die im Laufe der Jahre steigen werden, produziert und an die Verbraucherinnen und Verbraucher verkauft. Die Energiekrise von 1973 – 1975 bewirkte eine große Nachfrage nach Holz und war ein Vorgeschmack dessen, was passiert, wenn die Versorgung mit fossilen Brennstoffen abnimmt, während die Bevölkerungzahl wächst.

Handel und Verkauf dieser Energiequellen übertreten eine unserer Grundregeln für das gute Leben: »Versorge dich selbst.« Wer die Nachfrage nach Holz aus dem eigenen Wald decken kann, besitzt eine unschätzbare Quelle wirtschaftlicher Stabilität und Sicherheit.

*Wenn man eine geeignete Stelle gefunden hat, um einen Garten anzulegen, muß man zunächst den äußeren Umfang festlegen (viereckig oder rund oder anders), diesen rundherum abschließen und vollständig einzäunen, bevor man daran gehen kann, irgendetwas dort zu säen oder zu pflanzen. Denn Gärten müssen sorgfältig eingezäunt und umschlossen sein, bevor dort irgendetwas gesät werden kann.*

*Thomas Hyll, First Garden Book, 1563*

*Die gesamte vergangene und künftige Arbeit an einem Obstgarten ist verloren, solange man nicht gut einzäunt. Denn keine Güter besitzen so viele Feinde wie ein Obstgarten. Man zäune ihn daher gut ein, auf daß das Stückchen Land ganz in der eigenen Gewalt bleibt.*

*William Lawsen, A New Orchard and Garden, 1676*

*Ich amüsiere mich, wenn ich von meinem Fenster aus sehe, wie eifrig die Menschen ihre Domäne abteilen und abstecken. Über diese winzigen Zäune, die überall hin und her durch das Land verlaufen, wird Gott wohl lächeln.*

*Henry David Thoreau, Journal, February 20, 1842*

*Wenn wir auf Steine stoßen, die uns im Wege sind, heben wir sie mit Hilfe von Hebeln an die Oberfläche. Auf diese Weise können Steine von einer halben Tonne Gewicht leichter aus ihrem Bett gehoben werden. Die größeren werden gewöhnlich von den Feldern weggezogen, um als Fundamente von Zäunen zu dienen; die kleineren werden beim Bau von Gräben verwendet.*

*Samuel Strickland, Twenty-seven Years in Canada West, 1853*

# Steinwälle kontra Drahtzäune

Wir hatten fast 20 Jahre in Vermont gelebt, wo wir recht freundschaftliche Beziehungen zu unseren Nachbarinnen und Nachbarn hatten und Zäune prinzipiell ablehnten. Wir mögen keine Zäune, weil sie Menschen und Tiere aussperren. Wir mögen wilde Tiere. Als wir erst kurze Zeit in Maine wohnten, beobachteten wir einmal zwei Rehe mit ihren Kitzen, die auf unserer Weide spielten. Die kleinen Rehe waren wie junge Hunde, die sich gegenseitig über die ganze Wiese jagten. Während das junge Rotwild spielte und sich gegenseitig umkreiste, übereinanderpurzelte und sich gegenseitig mit dem Kopf stieß, ästen die Mütter und wachten über sie. Es war eine glückliche Familienszene.

Über dieses Bild, das wir häufig durch unser Fenster beobachten konnten, waren wir hocherfreut. Auch in Vermont hatte es viel Rotwild gegeben, aber es war nie an das Haus herangekommen, das nahe an der Straße und nicht inmitten ausgedehnter Wiesen lag. Dieser Anblick war ein Pluspunkt, mit dem wir nicht gerechnet hatten.

Um unser abgelegenes Haus herum gab es eine Menge wilder Tiere. Außer in kurzen Sommern war dieses Haus einige Jahre zuvor unbewohnt gewesen, und die wilden Tiere sahen es offensichtlich als einen verlassenen Ort an. Insgesamt waren sie recht zutraulich. Einmal kam ein Waschbär zu unserer Hintertür, den wir mit einem Stück Brot in die Küche lockten. Er stöberte im Raum herum und mußte schließlich mit einem weiteren Stück Brot wieder hinausgeschickt werden.

Später erkannten wir verschiedene Gründe dafür, die wilden Tiere draußen im Wald zu halten, wo sie hingehören. In Vermont hatten wir ohne Erfolg versucht, Trauben anzubauen. Die Reben überlebten die harten Winter, aber die Sommer waren zu kurz, um die Trauben reifen zu lassen. In Maine wollten wir dies noch einmal versuchen. 30 m nördlich von unserem Haus war ein Felsvorsprung, der direkt nach Süden lag. Dieser Felsen erschien uns für unser Vorhaben genau richtig. Es war möglich, am Felsenrand ein gut gedüngtes Beet anzulegen und ein Spalier über den Felsen zu bauen, an dem die Reben entlangkriechen konnten. Dort waren sie gegen Nordwind geschützt und konnten den Vorteil des Sonnenlichtes ausnutzen. Der Fels würde die Tageshitze aufnehmen und sie bei Nacht abstrahlen.

Also legten wir ein Traubenbeet an der Basis des Felsens an, kauften einige sorgsam ausgesuchte Traubenreben und sahen im dritten Jahr einer köstlichen Traubenernte entgegen. Die Trauben taten ihren Teil dazu: Sie wurzelten und wuchsen kräftig. Am Ende des zweiten Jahres gediehen unsere gepflegten und gehegten Reben am Felsvorsprung prächtig. Noch ein Jahr, und wir konnten eine richtige Traubenernte erwarten.

Schließlich kam die dritte Saison. Die Trauben hatten zwei Winter überlebt. Sie trieben gut aus, und allmählich zeigten sich die jungen Blätter. Früh an einem hellen Morgen schauten wir zufällig zu unserem künftigen Weinberg. Im Dämmerlicht sahen wir zwei halberwachsene Rehe vor unserem Traubengitter stehen und an den Reben knabbern. Wir nahmen einen Feldstecher, um sie besser sehen zu können. Mit Bestürzung beobachteten wir, wie das Rotwild jedes nahezu ausgereifte Blatt abriß. Blatt für Blatt wurde von den jungen Reben abgepflückt. Als das Rotwild seinen morgendlichen Imbiß beendet hatte, waren am Weinstock kein grünes Blatt und keine Knospe mehr zu sehen. Das war das Ende unserer Traubenträume, solange wir nicht bereit waren, den Felsen einzuzäunen.

Zwischen diesem Felsen und dem Haus pflanzten wir ein Dutzend Rugosa-Rosen, die wir in einer nahen Bucht gerade oberhalb der Hochwasser-Marke gefunden hatten. Rugosa-Rosenbüsche werden fast 2 m hoch. Sind sie einmal gut angewachsen – wie sie es entlang der Küste waren –, wuchern sie zu einem fast undurchdringlichen Dornendickicht und ergeben daher eine ausgezeichnete Hecke. Sie sind im Frühling prächtig grün und blühen rosarot oder weiß. Mitte August werden ihre Blütenblätter von rötlich-gelben Hagebutten ersetzt, die einen Durchmesser von 5 cm haben können. Diese Hagebutten enthalten im reifen Zustand viel mehr Vitamin C als die besten Zitrusfrüchte. Zudem ist auch der Strauch äußerst dekorativ – die Blüte beginnt im Frühsommer, und den gesamten Sommer hindurch blüht der Strauch und trägt Früchte, bis die Herbstfröste diesem Farbenspiel ein Ende setzen. Wir lieben und bewundern sowohl das Laub der Rugosa als auch ihre Blüten und Früchte.

Von diesem einstigen Dutzend Pflanzen sind inzwischen 35 Hügel mit Rugosa-Pflanzungen entstanden. Jedes Jahr werden sie stark beschnitten und ausgedünnt, großzügig mit verrotteten Grassoden und einer hausgemachten Mischung gedüngt und mit Seegras von der Küste gemulcht. Wir beschneiden und behandeln die Rugosa wie Himbeeren. Die Hügel sind 1,5 m in jeder Richtung voneinander entfernt. Zusätzliche junge Pflanzen, von denen es viele gibt, werden ausgegraben. Jedes Jahr wird ein Drittel der alten Pflanzen herausgeschnitten. An ihrer Stelle dürfen zwei bis drei junge Pflanzen stehen bleiben, so daß jeder Hügel vier bis sieben Pflanzen behält.

In einem Jahr während der Ausdünnungszeit im Frühsommer nahm einer unserer Nachbarn, Eliot Coleman, 40 unserer jungen Pflanzen mit, um eine eigene Pflanzung anzulegen. Nur eine einzige ist nicht angewachsen; 39 dagegen schafften es und stellen die Basis seiner jetzigen ausgedehnten Rugosa-Pflanzung dar, von der er wiederum zahlreiche Pflanzen weggibt.

Als wir mit unserer Rugosa-Pflanzung begannen, zäunten wir sie nicht ein. Im dritten Jahr hatte das Rotwild sie entdeckt. In diesem Jahr probierten sie die Rosenfrüchte. Im nächsten Jahr begannen sie mit den zarten Blättern zeitig im Frühjahr. Im folgenden Jahr aßen sie Blatt- und Blütenknospen. Im darauffolgenden Jahr erhielten wir aus unserer Pflanzung keine einzige Hagebutte. Daraufhin stellten wir einen Drahtzaun auf.

Hier ist ein weiterer Grund in der Liste von Vorfällen, die uns schließlich dazu bewegten, unser Gemüse und unsere Früchte einzuzäunen: Traditionell pflanzten wir süßen Mais – gewöhnlich 80 – 100 Anpflanzungen. Einige Jahre lang wurde unser Mais nur gelegentlich geschädigt, aber schließlich wurde die Sache ernster. In einem Jahr bekamen wir von 100 Maispflanzen keine einzige Ähre mit reifem Mais. Alle wurden vor der Reife von Waschbären zerstört.

Kaninchen, Murmeltiere, Eichhörnchen und Stachelschweine verursachten insgesamt gesehen so ernste Schäden, daß wir uns gezwungen sahen, entweder Gegenmaßnahmen zu ergreifen oder ohne die betreffenden Früchte auszukommen – wie bei den Trauben und beim Mais. Nachdem wir viel diskutiert und unser Gewissen erforscht hatten, entschieden wir, die Tiere so weit wie möglich aus unserem Garten herauszuhalten. Das bedeutete einen 1,8 m hohen Drahtzaun für den Garten und das Rugosafeld sowie eine Draht- und Netzbedeckung über dem 1000 qm großen Heidelbeeren-Feld, mit dem wir unser Bargeld verdienen.

Drahtzäune halten nur wenige Jahre – höchstens zehn bis zwölf. Danach fangen sie an zu rosten oder werden durchlässig. Sobald unsere Zäune brüchig wurden, stellte sich die Frage, ob wir sie durch neue Drahtzäune ersetzen oder einen Ersatz finden würden. In Maine entschieden wir uns schließlich für einen besseren Schutz und bauten insgesamt 130 m Steinmauern rund um unsere gesamte Gartenfläche.

Sicherlich ist ein Drahtzaun die billigste Form von Schutz gegen Garteneindringlinge, aber er ist kein völliger Abschluß. Neben unserem Garten westlich des Hauses befindet sich ein kleines Rasenstück. Frühmorgens im Sommer, wenn der Tau schwer auf dem Gras lag, wurde dieser Rasen regelmäßig von einem kleinen Heer von Haus- und Nacktschnecken überquert. Solange dieser noch naß war, krochen die Schnekken durch den Zaun in den Gemüsegarten, hielten dort ihren morgendlichen Imbiß und krochen über das Gras zurück zu ihrem ständigen Wohnsitz – dies alles bevor wir selber unser Frühstück eingenommen und uns für die Tagesarbeit fertig gemacht hatten. Beim Höhepunkt dieser Invasionsperiode gingen wir kurz nach Tagesanbruch mit einem Behälter in den Garten, sammelten nahezu 500 Schnecken ein und entsorgten sie, noch bevor wir unser Frühstück einnahmen. Eine Zeitlang war dies für uns eine regelmäßige Morgenübung. Als wir den Drahtzaun durch die Steinmauer ersetzt hatten, beseitigten wir damit die Bedrohung unserer Gemüseversorgung fast vollständig. Entweder konnten die Schnecken nicht über den Wall oder sie wollten nicht.

Zu der gleichen Kategorie von gegnerischen Kräften zählen die mehrjährigen Unkräuter wie Wolfsmilch, Disteln und Quecken, die unterirdisch unter dem Zaun oder durch diesen hindurch in den Garten wachsen. Mit einem Steinwall läßt sich auch diese Invasion aufhalten.

Für die Steinmauer sprechen noch andere Argumente: Sie sieht besser aus, wird eigenhändig errichtet und ist beständiger. Auf der anderen Seite erfordert der Bau einer Mauer viel mehr Zeit und kostet – falls das bezahlt werden muß – somit viel mehr, als sich viele Gartenfans leisten können.

Wir haben ein gutes Argument für unseren Bau von Mauern: Wir arbeiten einfach gerne mit Steinen. In Vermont gab es eine Menge Steine, die zum Bauen geeignet waren, und in Maine war die Situation ähnlich. Fast überall in Neu-England sind bei allen Feldsteinen stets viele dabei, die sich zum Bauen verwenden lassen.

Sowohl in Maine als auch in Vermont hatten wir einen Platz am Waldrand, wo wir Steine sortieren und lagern konnten. Wenn wir unterwegs waren und gute Steine entdeckten, nahmen wir sie mit nach Hause, besonders wenn sie eine oder mehrere glatte Seiten hatten. Die anderen bezeichneten wir als »die Häßlichen«; sie kamen auf den Haufen, auf dem geeignete Steine für das Füllen von Fundamenten oder für den Straßenbau lagerten. Nur selten brachen oder schnitten wir Steine – vielmehr nahmen wir stets diejenigen von den entsprechenden Steinhaufen, die am besten in die jeweilige Lücke zu passen schienen. Als diese Steinhaufen anwuchsen, wurde immer offensichtlicher, daß die Zeit gekommen war, sie zu nutzen.

Während unserer ersten zehn bis zwölf Jahre in Maine fingen wir mit den angesammelten Steinen nicht viel an. Die Haufen wurden einfach immer größer. Schließlich entschieden wir uns in den frühen 60er Jahren, daß wir die schadhaften und rostigen Gartenzäune durch eine Mauer ersetzen wollten. Wir waren beide der Auffassung, daß dieses Projekt ein Hobby sein sollte – es war sozusagen unser Tennis oder Golf, denn wir beide bauten lieber mit Steinen, als daß wir Tennis oder Golf oder irgend etwas anderes spielten. Es bedeutete Entspannung, wir waren an der frischen Luft, gewöhnlich schien dabei die Sonne. Es war konstruktiv und dauerhaft. Es gab keinen Zeitdruck, keinen wichtigen Termin. Es war eine unserer angenehmsten Beschäftigungen.

Das Mauer-Projekt hatte einen einzigartigen Vorteil: Wir konnten eine oder zwei Stunden daran arbeiten, dann konnten wir es einen oder zwei Tage – oder eine Woche oder gar einen Monat – liegen lassen und bei der nächsten Gelegenheit ohne weiteres damit weitermachen.

Die etwa 130 m lange Gartenmauer erforderte die gleiche Länge an Fundament. Da die Beschaffenheit des Bodens von einem Punkt zum nächsten variierte, gruben wir einen Graben mit einer Tiefe zwischen 75 und 120 cm. Bei festem oder felsigem Untergrund genügten 75 cm; bei weicher Erde dagegen lagen wir mit 1,2 m Tiefe unterhalb der Frostgrenze.

Zum Ausheben des Fundamentgrabens benötigten wir Hacke, Spitzhacke, Stange und Schaufel. Wir gruben sehr sorgfältig, so daß wir die Seiten des Grabens als Einschalungen für den Beton und die Steine während des Härtens nutzen konnten. Auf das Fundament stellten wir Holzschalungen, die unsere Mauer aufnehmen sollten. Alle unsere Schalungen waren 45 cm breit und unterschiedlich lang. Die Schalungen wurden ausgerichtet und ausgelotet und gut genug versteift, damit sie die Steine und den Beton halten konnten.

In diese Schalungen gaben wir eine Füllung aus Beton und fügten dann die Steine mit ihren flachen Seiten in die Formen ein. Wir stampften den zähen Beton fest, bis jede Ritze zwischen den Steinen ausgefüllt war. Stein auf Stein wanderte in den Wall, mit einer Zwischenschicht von mindestens 2,5 cm Beton. Wenn der Beton gehärtet war, wurde die Form entfernt, oder es konnte eine andere Form auf die erste gesetzt und an ihrer Stelle ausgerichtet, ausgelotet und gefüllt werden.

Der Bau solcher Mauern ist weitgehend davon abhängig, welche Steine verfügbar sind. Der Anfang unserer Mauern ist jedesmal ein Haufen Feldsteine – kleine und große, dünne und dicke. Steine, die einen 90-Grad-Winkel aufweisen, sortieren wir als Ecksteine aus, ebene Steine als Fußbodensteine, Steine mit einer flachen Seite als Wandsteine und Steine ohne gute Flächen als Füller oder »Häßliche«.

Unser Mauerbau dauerte insgesamt vierzehn Jahre lang – vierzehn Sommer voller nie endender, vielseitiger und erfreulicher Aktivitäten. Zeitweise waren zwei der drei Leute zugange, zu anderen Zeiten machten sich noch viel mehr Menschen an unserer Mauer zu schaffen. Die meiste Zeit arbeiteten wir alleine. Die Arbeit wurde im Herbst 1971 beendet, als Helen 67 und Scott 87 Jahre alt waren. Wir betonen dies, um zu zeigen, daß man in fast jedem Alter fähig sein kann, eine Mauer wie unsere zu bauen.

Die Gesamtausgaben für die Gartenmauer beliefen sich auf etwa 450 Dollar, hauptsächlich für den Zement. Hätten wir Profis mit dieser Arbeit beauftragt – mit einer Steinfront auf beiden Seiten und den tiefen Fundamenten – hätte dies Tausende von Dollars gekostet. Und wir hätten auf das Vergnügen des Mauerbaus und die dabei gewonnene Erfahrung verzichten müssen.

Bei diesem 14jährigen freiwilligen Unternehmen gab es keine festen Regeln. Wir improvisierten einfach, wann und wo wir Lust hatten. Wir brauchten dafür länger als für jede andere Aktivität dieser Art, an der wir teilgenommen hatten. Es war aber auch insofern ein kollektives Unternehmen, als viele Leute, die am Bau teilnahmen, einige der nötigen Techniken erlernten. Wie auch immer, der wahre Wert dieser Erfahrung liegt zweifellos in drei Aspekten: erstens ihr langandauernder Charakter, zweitens die geringe Anzahl derjeniger, die sich an dieser Aufgabe beteiligt hatten, und drittens – während dieser gesamten 14 Jahre gab es trotz zahlreicher Diskussionen und Meinungsverschiedenheiten wenig oder gar kein Zanken oder Streiten. Welch ein interessantes und positives Beispiel für eine erfolgreiche und konstruktive gegenseitige Hilfe!

Wir finden es schade, daß Zäune, Wälle und andere Einschränkungen der freien Bewegung notwendig sind. Wenn sie gebaut werden müssen, hoffen wir, daß möglichst viele von ihnen solide und schön sind und daß sie – wie jene um unseren Garten herum – mit mindestens drei Toren versehen sind, welche nur im Notfall geschlossen und für all jene durchlässig sind, die genügend Verstand besitzen, um einen Holzknopf zu drehen.

*Was würde sich für den Bau von Häusern, Städten und Festungen besser eignen als Steine jeder Art.*

*Captaine John Smith, Advertisements for the unexperienced Planters of New England or anywhere, 1631*

*Die Vorteile von Steingebäuden sind ihre Dauerhaftigkeit, die seltenen Reparaturen, die größere Sicherheit gegen Feuer und der größere Komfort sowohl in der kalten als auch in der warmen Jahreszeit... Viele denken, daß das Errichten eines solchen Hauses ein großes Unterfangen sei, doch kann es ohne große Ausgaben oder Schwierigkeiten bewerkstelligt werden. Behauener oder gemeißelter Stein wird für öffentliche Gebäude oder die Häuser der Wohlhabenden verwandt und ist teuer. Bequeme, bescheidene Häuser dagegen werden mit gewöhnlichem Stein gebaut, mit solchen, die wir für gute Feldwälle benutzen würden... Ihre glücklichen Besitzer müssen sich nicht ständig mit Farbtopf, Holzlager und mit Nägeln aller Größen und Sorten abgeben. Ein solide gebautes Steinhaus wird dreihundert Jahre überdauern, und in den ersten fünfzig Jahren werden nur wenige oder gar keine Ausbesserungen nötig sein.*

*M. Gourgas, in The New England Farmer, January, 1828*

*Falls ich noch einmal ein Leben in den Wäldern beginnen würde, würde ich nichts aus Balken bauen, außer einem Schuppen oder einem Schweinestall, denn die Erfahrung hat mich unzweideutig gelehrt, daß Blockhäuser die schmutzigsten, unbequemsten und die teuersten Gebäude sind, wenn alles berechnet wird. Sobald man bereit ist zu bauen, sollte man ein gutes Gebälk in Rohputz oder ein Steinhaus erbauen, falls die Mittel dafür aufgebracht werden können, denn Stein, Bauholz und Kalk kosten nichts weiter, als daß das Material gesammelt und geschleppt werden muß. Wenn ich sage, daß sie »nichts kosten«, meine ich, daß dafür kein Bargeld erforderlich ist, da sie durch den Einsatz der Familie beschafft werden können.*

*Samuel Strickland, Twenty-seven Years in Canada West, 1853*

*Diese Steinbauten halten ewig und erfordern wenig oder gar keine Reparaturen, so daß das Geld hierfür gut investiert ist. Ihre Qualität wird im Gegensatz zu Gebäuden aus Backsteinen oder Holz mit der Zeit nicht schlechter.*

*Harriet Martineau, Our Farm of Two Acres, 1865*

# Wir bauen Steingebäude

In Vermont gab es überall Felsen, besonders Granitfelsen, die zum Bauen ausgezeichnet waren. Später stellten wir fest, daß in Maine genauso viele Steine zu finden waren, obwohl sie dort, wo wir jetzt leben, nicht so groß sind und auch nicht aus Granit; insgesamt sind die Steine in Maine farbenprächtiger. In Vermont wie in Maine war unser Leben vom Bauen mit Steinen beherrscht. Außerhalb der Dauerfrost-Periode versuchten wir an jedem Tag, nachdem wir einen Blick aufs Wetter und in unseren Terminkalender geworfen hatten, etwas Zeit für die Steinarbeit zu finden, die wir stets interessant, produktiv und kreativ fanden und die wir gerne gemeinsam taten.

In Vermont errichteten wir etwa ein Dutzend Steingebäude: Ein wenig von unserem Grundstück entfernt errichteten wir ein Blockhaus, um etwas Erfahrung zu sammeln, bevor wir unser eigenes Heim in Angriff nahmen. Darüber hinaus bauten wir im Laufe der Jahre ein Haupthaus mit angrenzendem Holzschuppen und Packraum für Zucker, ein Gästehaus und eine Werkstatt, einen Holzschuppen, eine Garage, ein Gewächshaus, ein Studio für Scott auf einem riesigen Findling im Wald und zwei Gästehütten im Zuckergehölz – die eine wurde jahrelang von Richard Gregg bewohnt. Zusammen mit dem Blockhaus, das wir bauten, um zu experimentieren und um es zu verkaufen, ließen wir eine ganze Menge Häuser zurück, als wir nach 19 Jahren von Vermont nach Maine umzogen.

Von 1952 bis heute haben wir in Maine neun Stein- und Betonkonstruktionen errichtet. Eine unserer ersten Arbeiten war der Abflußkanal und der Betonkern für den Erddamm unseres späteren Teiches. Andere Unternehmungen am Anfang unseres Aufenthaltes waren verschiedene Wassertanks für die Garten und Heidelbeerpflanzung und ein neuer Tank für unsere sprudelnde Quelle. Ein weiteres Projekt war die lange Mauer, die unseren Gemüsegarten umschloß. In der nordwestlichen Ecke dieser Mauer bauten wir ein Gewächshaus, mit dem Steinwall als Hintergrund und Sonnenreflektor. Westlich des Glashauses, ebenfalls entlang der Gartenmauer, bauten wir eine Garage.

Schließlich haben wir – als zukünftige Heimat für uns – drei Steingebäude auf einem kleinen Stück Land gebaut, das über der Penobscot-Bucht liegt. Dieses große Projekt wurde 1972 mit dem Roden jenes Waldes begonnen, der dieses Gebiet bereits lange vor Kolumbus' Ankunft in Amerika bedeckte. Dieses Land war nicht kultiviert oder bebaut, es lag zwischen zwei Steinfelsen, die von den benachbarten Hügeln bis zum schmalen, sandigen Küstenstreifen verliefen, der die Bucht begrenzte.

Nach vielen Diskussionen und zahlreichen Untersuchungen entschieden fast alle Beteiligte, daß der Platz zu naß und zu sumpfig sei – kein günstiger Bauplatz, wenn man von dort auch einen großartigen Ausblick über die Bucht hatte. Einem alternativen Plan zufolge, den Scott bevorzugte, sollten die geplanten Steingebäude auf einen hochgelegenen Platz errichtet werden, von wo aus man die Bucht ebenfalls überblicken konnte. Ein Gebäude an dieser Stelle würde nach Norden zeigen und wäre ohne Keller, es sei denn, man könnte diesen aus dem felsigen Grund heraussprengen. Auch würde es schwierig sein, Quellwasser oder Brunnenwasser zum Haus zu leiten. Helen favorisierte die niedrigere Stelle wegen des Sonnenunterganges. Sie setzte sich durch.

Das erste fertige Projekt auf dem neuen Platz war eine Außentoilette aus Stein und Beton, die 1973 fertiggestellt wurde. Wer in der Stadt wohnt, mag es seltsam finden, daß wir zunächst mit dem Bau eines Nebengebäudes begannen. Aber bei jedem ausgedehnten Bauvorhaben, das weit von anderen Häusern entfernt ist, hat der Bau einer Toilette selbstverständlich Vorrang.

Sie wurde auf einem kleinen Hügel mit guter Drainage erbaut. Das Fundament liegt an einem recht glatten Felsrand mit einer Neigung von etwa 12 – 15°. Am Boden dieser Neigung ist ein hölzerner Rahmen, dessen Scharniere oben liegen und der so groß ist, daß die Toilette ohne weiteres entleert werden kann. Der Abfall gleitet leicht heraus und kann leicht herausgeschaufelt werden. Wenn nach jeder Benutzung eine großzügige Menge Sägemehl und Erde darüber gestreut wird, ist das Ergebnis ein reifer, nicht riechender Kompost. Es ist wichtig, genügend Erde und anderes absorbierendes Material bei der Hand zu haben, um den

Umfang des gelagerten Abfalls handhaben zu können. Wir fanden Sägemehl und Holzstaub besser als Asche.

Das erste Mal, als wir dieses Häuschen leerten (wir hatten ein ähnliches in Vermont), waren wir gerade dabei, Tulpen und Narzissen um den neuen Platz herum zu pflanzen. Wir legten die Zwiebeln in Vertiefungen in den Boden und bedeckten sie leicht mit Kompost. Dann gingen wir mit Schaufel und Schubkarre zur Toilette. Wir holten das Material eines ganzen Sommer heraus (zwei Schubkarren voll) und bedeckten damit die Blumenzwiebeln. Dann gaben wir noch mehr Kompost und Mutterboden darüber. Die Zwiebeln zogen Nutzen aus dem Naturdünger, und das Material war so trocken, daß Schubkarre und Schaufel nach getaner Arbeit sauber geblieben waren.

Unser Toilettenhäuschen wurde nach unserem Plan mit handbehauenen Balken, einem Metalldach und einer schweren holländischen Tür gebaut. Keith Heavrin, unser Nachbar, und Scott legten das Fundament, Helen führte alle Steinarbeiten aus. Keith bearbeitete die Balken und machte die andere nötige Holzarbeit. Am Ende wurde daraus ein schönes Gebäude, das »das hübscheste Toilettenhäuschen von fünf Bezirken« genannt wurde.

Wir haben auch eine Komposttoilette (bzw. ein Erdklo) im Haupthaus – eine schwedische *Clivus Multrum.* Beide Toiletten sind deshalb nützlich, weil sie dem Land kompostiertes Material wieder zuführen. Die Erde wird hauptsächlich unter Apfelbäumen als Mulch oder Dünger angewendet. In dem Maße, wie Wasser zu einem seltenen Gut wird und das Fachgebiet der Ökologie an Bedeutung gewinnt und stärker in die Praxis umgesetzt wird, bekommen Humus-Toiletten einen höheren Stellenwert als die verschwenderischen Wassertoiletten.

Bevor wir unser zweites Bauprojekt auf dem neuen Platz angingen, mußten wir Straßen anlegen. Gewöhnlich braucht man dazu viele Wagenladungen mit teurem Kies. Wir entschieden uns, auf unserem eigenen Gelände danach zu suchen.

Der südliche Hügel auf unserem neuen Bauplatz lag hoch über dem Niveau, auf dem wir unser neues Gebäude errichten wollten. Es war ein steiler, vorspringender Felsen, und seine felsigen Schultern schauten an verschiedenen Stellen zwischen den jungen Bäumen hervor, die die Gegend mit der typischen Küstenvegetation bedeckten: Moose, Erlen, Birken, Ahorn, Esche und Schwarzkirsche sowie einige stattliche Exemplare an Zedern und Rottannen.

Bei Testgrabungen in diesem felsigen Gestein fanden wir eine Basis aus weichem braunen Sandstein in Form kleiner Felsstücke, von denen einige faustgroß und andere richtig große Felsbrocken waren. Die Felsenklippe war auch von einer Schicht aus Lehm und Walderde bedeckt, die im Garten für anspruchsvolle Pflanzen so beliebt ist. Hier stand uns ein wunderbarer Schatz zur Verfügung: reiche Erdlager, Felsen für den Bau und Steinsplitter in jeder Größe für Straßenfundamente.

Unsere Straßen waren gewöhnlich 3 – 3,5 m breit. Wir legten die Höhe fest, sorgten für die Entwässerung und schütteten dann ein solides Bett aus Steinen und Splittern auf, das 20 – 40 cm tief war. An nassen Stellen begannen wir mit großen Steinen. Auf diese Steine plazierten wir eine Schicht aus faustgroßen Steinen, und darüber kam eine Lage Steinsplitter, die durch eine oberste Schicht aus Kies ergänzt wurde.

Dieses Muster des Straßenbaus stammt von den Tausenden von Meilen fester Straßen, die römische Ingenieure in Europa, Nordafrika und dem Nahen Osten vor etwa 2000 Jahren gebaut haben. Einige dieser römischen Straßen und Brücken sind noch immer in Gebrauch. Wie bei den Römern wurden beim Bau unserer Straßen keine Schlepper, Traktoren oder schwere Maschinen verwendet.

Das Ergebnis unserer Landschaftsgestaltung waren Tausende von Bausteinen und Tonnen groben Materials für den Straßenbau sowie Mutterboden für den Garten. Vor allem wurde ein steiler Felsvorsprung bloßgelegt, der aus Schichten hervorstehender Simse besteht; diese ragen in verschiedenen Winkeln aus dem Hügel hervor und bilden somit eine felsige Kulisse für unsere Steingebäude, die wir in den letzten drei Jahren errichteten.

Der zweite Teil unseres Bauprojekts war ein Raum, der als Garage, Werkstatt und Lagerraum fungiert. Er ist 8 m breit und 16 m lang und trägt ein braun gestrichenes Metalldach – passend zur Landschaft. Warum haben wir mit einer Garage und Werkstatt angefangen? Warum sind wir nicht wie üblich vorgegangen: zuerst das Haus bauen und die kleineren Gebäude nach und nach folgen lassen?

1971 und 1972 gab es im Staat Maine wenig trockenes Bauholz zu kaufen. Montags standen die Bäume noch in den Wäldern, und freitags waren sie bereits gefällt und zum Sägewerk gebracht. Innerhalb der nächsten Woche wurden sie zu Baustellen transportiert. Wir wollten unser Bauholz in den offenen Schuppen legen und es dort trocknen lassen, während wir das Haus bauten.

Für den Bau der Garage bzw. Werkstatt wurde insgesamt ein Graben von etwa 440 m ausgehoben. Der Graben war 40 cm breit und mindestens 75 cm tief, solange wir nicht auf festen Untergrund stießen, wo wir nicht mehr weitergruben. Die meisten unserer Gräben waren 75 – 100 cm tief.

Als wir bis zur Frostgrenze kamen oder gar darunter, legten wir auf den Boden des Grabens eine 10 – 12 cm dicke Schicht aus faustgroßen Steinen und gossen eine dünne Betonmischung hinein, die in jeden Winkel und jeden Spalt laufen würde. Als nächstes legten wir auf die kleinen, im Beton schwimmenden Steine eine Lage Findlinge, die größten, die wir fanden und noch transportieren konnten. Die maximale Breite der Findlinge war 35 cm. Wir versuchten immer, ein Minimum von 5 cm zwischen den Findlingen und der Wand des Graben freizulassen und ein Minimum von 5 cm zwischen den einzelnen Felsen.

Mit dieser Prozedur fuhren wir fort, bis der Graben voll war. Wir versuchten immer, eine Länge von 5 – 10 m auf einmal zu graben und zu füllen und dann mit einem weiteren Abschnitt fortzufahren, bis das Fundament bis auf Erdhöhe fertiggestellt war.

Das Fundament wurde auf der Oberfläche rauh belassen, damit die Stein- und Betonwände hier gut fassen konnten. Dann war es Zeit, die Wandschalungen waagerecht und im Lot zu errichten und die etwa 30 cm dicke Wand zu bauen. Über den Bau und seine Formen haben wir in unserem Buch *Ein gutes Leben leben* ausführlich berichtet.

Bei großen Bauarbeiten begannen wir an einer Ecke, füllten die Schalung und bauten dann eine zweite Ecke. Dann errichteten wir die Schalung für den Raum zwischen den Ecken und füllten diese aus. Dabei nahmen wir sorgfältig und häufig Maß, damit die Wand gerade wurde. Wir legten Metall-Armierungen ein, besonders an den Ecken. Als die Wand größer wurde, gab es alle 20 cm horizontale Armierungen – zwei Armierungsstränge auf jede 45 cm Schalung.

Auf der Höhe der Türschwelle wurden Vorbereitungen getroffen für die Türrahmen, die wie die Fensterrahmen entweder auf gleicher Höhe mit der Außenwand, mit der Innenwand oder in der Mitte gesetzt werden konnten. Alle drei Methoden wurden bei diesem Bauwerk ausprobiert. Die Schalungen wurden verschoben, wahrend wir die Wand bis zur Dachhöhe mauerten.

Keith Heavrin behaute die Balken, machte die Schalungsarbeiten und die Zimmerei dieses Gebäudes. Er blieb bei uns, bis die Dachhöhe erreicht war. Dann mußten wir das Dach errichten. Diese Arbeit führte Fred Dyer mit seinem Team aus.

Sobald die Formen von den Wänden entfernt waren, war Helen für das Verfugen zuständig (das Ausfüllen der Zwischenräume der verschiedenen Steine mit einer festen Betonmischung). Das ist eine Arbeit, die man am besten alleine macht, da jeder und jede die Fugenmischung und die Kelle anders handhabt und der fertige Eindruck in der Erscheinung einheitlich sein sollte. Bei allen unseren verschiedenen Bauwerken und Wänden in Vermont und Maine war dies Helens spezielles Vorrecht. Kaum jemand anders (auch Scott nicht) durfte die Maurerkelle anfassen.

Wer machte die restliche Steinarbeit? Nur wir beide? Nein. Unser Arbeitsteam bestand aus uns beiden, wenn sonst niemand da war. An vielen besonders erfreulichen Tagen arbeiteten wir still vor uns hin, ohne andere Hilfe. Aber hier kommen stets eine Menge Besucherinnen und Besucher vorbei, und gewöhnlich wollen sie uns bei allem helfen, was wir gerade tun. Die Mehrheit von ihnen, Mädchen und Jungen, Frauen und Männer, hatte wenig oder gar keine Erfahrung mit solchen Arbeiten, aber sie lernten ziemlich schnell und wurden viele Male zu nützlichen Mitgliedern eines gut funktionierenden Teams. Oder sie erinnerten sich an Sachen, die sie noch in der Stadt zu erledigen hatten und reisten schnell wieder ab.

Wenn wir wußten, wie viele Leute an einem bestimmten Tag zur Verfügung standen, teilten wir sie in Zweiergruppen auf. Zwei rührten im Schubkarren die Mischung an und fuhren diese zum Bauplatz. Und ein oder zwei Leute wurden gebraucht, um den Maurermeister (Helen) mit Steinen zu versorgen, die sie selbst einsetzen wollte.

Sobald das Dach aufgesetzt und die Türen und Fenster in dem neuen Gebäude eingebaut waren, hatten wir einen dichten, trockenen Bau, in dem wir unsere Balken, unseren Zement und unsere Geräte lagern konnten. Oft wird das Bauholz einfach draußen hingeworfen in der Annahme, daß es bald gebraucht wird und es auch nicht schadet, wenn das Holz hin und wieder naß wird. Wir sind anderer Meinung. Bei jeder Bauarbeit versuchen wir, unseren Bedarf an Bauholz oder Zement im voraus zu bestellen. Wir wollen sichergehen, daß es abgedeckt und ordentlich gestapelt wird. Natürlich sorgen wir auch für unser Werkzeug; es wird stets sauber gehalten, geölt und unter einem Schutzdach verwahrt.

Als die Garage bzw. die Werkstatt mit einem Dach versehen war und uns ein gut geschütztes Materialdepot zur Verfügung stand, waren wir im Frühling 1974 bereit, die Vorbereitungen für den Hausbau zu treffen. Es sollte zweigeschossig sein und bis zum Dach aus Stein gebaut werden, und es sollte zwei Schlafräume im Obergeschoß haben, jeweils mit einem Balkon. Helen entwarf das Haus so, daß es in die Landschaft hineinpaßte. Sie wünschte sich ein alpines Bauwerk mit einem breiten, geneigten Dach und schweren handbehauenen Balken; mit Kiefernpaneelen und Bücherregalen in einem 6 x 10 m großen Wohnzimmer, das mit großen Fenstern auf die Bucht hinaus versehen werden sollte. Ein Freund, ein holländischer Architekt, zeichnete die ersten Pläne auf der Grundlage von Helens ursprünglicher Skizze.

Der erste Schritt bestand darin, einen Keller unter der Hälfte des geplanten Hauses zu graben. Fred Dyer, ein Freund und örtlicher Bauunternehmer, prüfte den Bauplatz sorgfältig und meinte, er könnte genutzt werden, wenn eine ausgedehnte Drainage installiert werden würde, denn der Platz lag recht tief und war feucht. In Zusammenarbeit mit ihm entschieden wir uns, wo der Keller sein sollte. Fred und sein Team übernahmen die Arbeit, den Keller auszuheben.

Sie hoben die Grube aus, entwässerten den Platz, bauten die notwendigen Schalungen, mischten den Beton in Mischmaschinen und gossen ihn damit auch ein. Das war etwas Neues für uns. Jeden anderen Keller hatten wir selber gegraben und ausgebaut. Dies jedoch war größer und feuchter als alles, was wir bislang angepackt hatten, so daß wir froh waren, daß Fred sich darum kümmerte. Er ließ uns helfen, als es an das eigentliche Gießen ging. Der fertige Keller liegt unter der Küche, dem Hausflur und dem Badezimmer. Er ist 16 m lang und gut 3,5 m breit. Die für das Gleichgewicht des Hauses notwendigen Fundamentgräben gruben und füllten wir Amateure mit der Hand. Im Frühsommer 1975 waren wir bereit, mit dem Bau des Hauses selbst weiterzumachen.

An diesem Punkt übernahm das Schicksal einen Teil unseres Bauprogramms, und zwar in Gestalt eines erstklassigen Kunsttischlers namens Bretton Brubaker. Ein Jahr zuvor war er mit dem Fahrrad von seinem Wohnort in Ohio bis nach Maine gefahren und kreuzte bei uns auf. Er hatte *Ein gutes Leben leben* gelesen und wollte sehen, was wir nun in Maine machten. Auf dem Zeltplatz eines Nachbarn baute er ein Blockhaus, das er einen Winter lang bewohnte. Dann half er, einen alten Schoner, die *Nathaniel Bowditch*, wieder flott zu machen. Wir besuchten das Schiff und sahen einige feine Schreinerarbeiten, die er gemacht hatte. Als es darum ging, einen Holzfachmann zu suchen, der mit uns zusammenarbeiten konnte, war Brett unsere erste Wahl, und er war bereit, diese Aufgabe zu übernehmen.

Nachdem er unsere Pläne für ein einfaches, kräftiges und dauerhaftes Haus gesehen hatte, hatte er als erstes die Idee, für unsere Fenster- und Türrahmen schwere Stämme zu verwenden. In Vermont hatten wir davon eine Menge gelagert und behauten sie von Hand, wenn wir sie brauchten. Hier in Maine allerdings hatten wir keine großen Stämme und würden sie kaufen müssen.

In der Lokalzeitung sah Brett dann eine Anzeige von einer Düngerfabrik, die in einer nahegelegenen Stadt demontiert werden sollte. Die schweren Balken der Fabrikhalle wurden zum Verkauf angeboten. Brett sah sie sich an und berichtete, daß dort viele gute bis zu 8 m lange Eichenbalken vorhanden waren, die einen Durchmesser von 15 x 30 cm hatten. Die Balken hatten die Pfosten der Werkhalle getragen und hatten viele Nägel, aber davon abgesehen waren sie fest und brauchbar. Wir kauften zwei Wagenladungen dieser Eichenbalken. Brett baute eine geniale Vorrichtung, um die Nägel herauszuziehen, glättete das Holz und verwendete es für alle Tür- und Fensterrahmen im neuen Haus. Mit Stange, Winde und Flaschenzug hob er die schweren Stämme mit wenig fremder Hilfe an ihren Platz. Wie Helen wollte er alles selber machen.

Von da an war Brett das Genie vor Ort und führte selbständig all die Holzarbeiten aus, die nötig waren. Wir machten zusammen mit verschiedenen Besucherinnen und Besuchern die gesamte Steinarbeit. Brett sorgte für das Aufstellen und den Bau der Schalungen. Er erwies sich als ein unermüdlicher und sorgfältiger Arbeiter, ein richtiggehender Perfektionist. Am besten läßt sich sein Beitrag wohl wiedergeben, indem man ihn als einen erstklassigen Allround-Präzisionsarbeiter beschreibt.

In Wirklichkeit wurde das Haus von zwei Individualisten gebaut: einmal Helen, die darauf bestand, jeden Stein selbst zu setzen, vom Nebenhaus über zwei große Gebäude bis zum hohen Kamin, und zum zweiten Brett, der die komplizierten Schreiner- und Tischlerarbeiten allein anpackte. In diesem Sinne könnte man hier von einem Einmann-Einfrau-Haus sprechen.

Obwohl andere mithalfen, hatte Helen die Bauleitung. Sie entschied über den Gesamtplan, seine Dimensionen und seine Ausführung. Sie entwarf und half bei der Ausführung des Innenausbaus und seiner Vollendung. Sie nahm jeden Stein selbst in die Hand, wählte ihn aus, probierte ihn und setzte ihn an seinen endgültigen Platz in der Wand. Scott wurde erlaubt, den Beton in seinem Lieblings-Schubkarren zu mischen, und Dutzende von ungenannten Helferinnen und Helfern brachten beim Hausbau auf die eine oder andere Weise viele Arbeitstage ein. Aber in Wirklichkeit war es Helens und Bretts Haus.

Ein Freund von Brett, Forrest Tyson, war pensionierter Elektroingenieur und Professor und hatte Elektrotechnik an der Universität von Hartford gelehrt. Er war so nett und half bei der Planung und Einrichtung der Elektroinstallation des neuen Hauses. Es war einfach wunderbar, bei all diesen Arbeiten mit Freunden zusammenzuarbeiten.

Wir planten, dieses Haus mit Holz zu beheizen und auch mit Holz zu kochen. Aus diesem Grund setzten wir vier Rauchrohre in den massiven Kamin. Eine Tür auf der Nordseite ging direkt zum Holzschuppen hinaus, der eine Lagerkapazität von etwa 24 $m^3$ hatte. Er war offen gebaut, besaß drei Pfeiler und wurde durch einen Dachvorsprung unseres Hauses geschützt.

In diesem Buch erwähnten wir bereits jenen Besucher, der uns fragte, was wir zum Spaß und zu unserer Freude machten. Es gibt viele Dinge, die wir bei diesem Bau mögen. Helen bevorzugt dies und Scott jenes, aber beide stimmen wir in einem überein: Man gebe uns eine ordentliche Aufgabe mit Stein- und Betonarbeit und ausreichend Zeit und Material, um die Arbeit gut machen zu können. Nun, da das Haus gebaut ist und wir darin leben und uns daran freuen, schauen wir uns um, sehen noch ungenutzte Steinhaufen und fragen uns: »Was kommt nun als nächstes? Vielleicht eine neue Gartenmauer? Ein Gewächshaus? Eine Sauna?« Die Zeit wird es zeigen.

*Private Gebäude (in Virginia) sind sehr selten aus Stein oder Ziegeln gebaut, die meisten bestehen aus Kanthölzern und Brettern, die mit Kalk bestrichen werden. Es ist unmöglich, etwas Häßlicheres, Unbequemeres und glücklicherweise auch Vergänglicheres zu entwerfen... Die Menschen in Europa, die in Häusern aus Stein oder Ziegeln wohnen, sind sicherlich so gesund wie jene in Virginia. Diese Häuser haben auch den Vorteil, im Winter wärmer und im Sommer kühler zu sein als jene aus Holz; zudem sind sie, wo Kalk und Stein greifbar sind, billiger in ihrer Erstellung und unendlich dauerhafter.*

*Thomas Jefferson, Notes on Virginia, 1784*

*Das Übel in unserer Architektur liegt prinzipiell darin, daß wir aus Holz bauen. Von dieser Gewohnheit ist viel sofortige, aber auch künftige Unbequemlichkeit zu erwarten. Der aus Schnelligkeit und Eile kommende Komfort entschädigt nicht für die zahllosen Nachteile, welche die Vergänglichkeit, das Sicherheitsbedürfnis und die Notwendigkeit der Ausbesserung betreffen... Nur Junggesellen sollten aus Holz bauen – Männer, die nur auf Lebenszeit in dieser Welt sind und sich wenig um jene kümmern, die nach ihnen kommen.*

*Anonym, in The American Museum, October 1790*

*Als Warnung für jene, die Renovierung von schlampigen Landhöfen in überschwenglichem Geist unternehmen, möchte ich hier anmerken, daß es eine Aufgabe ist, welche oft einfacher scheint, als sie sich dann erweist.*

*D.G. Mitchell, My Farm of Edgewood, 1863*

*So manche Farm mit reichlich Ackerland ist der rheumatischen Arbeit fortschreitenden Verfalls überlassen... Es gibt keine Kraft für Ausbesserungen, keinen Ehrgeiz für Verbesserungen und keine Hoffnung über das nackte Leben hinaus.*

*Commissioner of Agriculture, Farming in New England, 1871*

# Alte Gebäude instand setzen? Bloß nicht!

Einzelheiten über den Verfall und die Zerstörung von Farmgebäuden in Neu-England sind weder unterhaltsam, noch konstruktiv, noch erbaulich. Wir beschreiben sie hier nur aus dem Grund, weil wir klar machen wollen, was Ihnen bevorsteht, falls Sie die Absicht haben, an alten Häusern zu basteln. Wir lebten viele Jahre in solchen Häusern, fanden uns mit ihren Unbequemlichkeiten und Unzulänglichkeiten ab und verwendeten viel Zeit und Geld auf solche Projekte wie Reparaturen, Schreinerarbeiten, Instandsetzen von Dächern usw.

Wir wissen, daß alte Gebäude einen Reiz für Leute besitzen, denen der geschmacklose und uninteressante Stil in Neubaugebieten, die sich überall im Land breit machen, nicht gefällt. Wir lehnen diese langweilige Bauweise ebenfalls ab. Aber dies ist kein Grund, alte Gebäude zu akzeptieren und zu renovieren, die auch dann noch alte Gebäude bleiben, wenn sie mit neuen Ziegeln und einem neuen Anstrich versehen werden.

Wir begannen unser Landleben in Vermont in zwei schlecht gebauten Holzgebäuden, die mit den damals zufällig vorhandenen Materialien erbaut und gestaltet wurden. Kurz, sie waren zusammengeschustert worden. In beiden Fällen war das Haus über einem Loch im Boden gebaut worden, das man entschuldigend Keller nennen könnte. Jedes Haus war von baufälligen Holzschuppen, einer Außentoilette, einem Hühnerstall und einem Außenbad umgeben.

Gab es einen reparaturbedürftigen Schaden oder erste Anzeichen von Verfall, wurden diese Stellen gepflastert, genagelt oder mit Draht befestigt, geflickt oder mit Holzstücken, Seilen, Bindfäden, einem Hühnerdraht oder irgendeinem anderen Material, das sich gerade anbot, zusammengehalten. Reparaturen erfolgten zufällig und nicht immer fachgerecht.

Natürlich gab es Ausnahmen, hübsche, alte Häuser, besonders in benachbarten Dörfern oder Städten, aber ein solches hatten wir uns nicht ausgesucht. Diese Häuser überstiegen zu jener Zeit unsere finanziellen Mittel und interessierten uns daher nicht weiter. Wir wollten auf einer Farm leben, an einer abgelegenen Seitenstraße.

In Vermont lag das Ellonen-Haus, in dem wir 1932 mit unserer Selbstversorgung begannen, auf der Straße nach Pikes Falls, 11 km von Jamaica entfernt, einem Dorf mit einer Post, einem Laden, einer Bank und einer Kirche. Von Jamaica aus waren es wiederum rund 5 km bis nach Bondville, das nicht viel mehr war als eine Straßenkreuzung mitten auf dem Land. In Maine liegt unsere Waldfarm etwas mehr als 3 km von der Post und 10 km vom nächsten Dorf (South Brooksville) entfernt; es sind 45 km bis zur nächsten Kleinstadt (Blue Hill) und 80 km bis zur nächsten Stadt mit Flughafen (Bangor). Auf beiden Höfen in beiden Staaten begannen wir mit alten Holzhäusern. An beiden Orten bastelten wir an den baufälligen Häusern herum und bauten uns schließlich doch Steinhäuser.

Haus und Scheune in Vermont mußten neu gedeckt werden, als wir sie kauften. Das Haus war alt, besaß ein kleines Loch als Keller, eine Außentoilette, und das Wasser in der Küche kam von einer Pumpe. Unsere erste Bautätigkeit in Vermont bestand darin, im Erdgeschoß einen Wohnraum mit Steinwänden und Kiefernpaneelen sowie einer Feuerstelle aus Stein zu bauen.

Einige Jahre später erwarben wir die benachbarte Farm. Sie hatte einen besseren Keller mitsamt einer Quelle mit gutem Wasser, aber das Haus war in einem noch schlechteren Zustand als unser ursprüngliches Farmgebäude. Die folgenden zwei Jahre nutzten wir das alte Haus als Werkzeugschuppen, als Schreinerwerkstatt und als Lager für frisch gesägtes Bauholz, das direkt von der Mühle kam. Als wir es nicht länger als Lagerplatz benötigten, rissen wir es ab und bauten statt dessen ein Gästehaus aus Stein sowie eine Werkstatt.

Mit dem getrockneten Holz und mit Steinen, die wir jahrelang gesammelt hatten, bauten wir das neue Steinhaus so, daß es gegen einen Felsen am Waldrand lehnte, ungefähr 30 m über dem ursprünglichen Holzhaus gelegen. Der gespaltene Findling stammte aus der Eiszeit, war 8 m lang und teilweise in der Erde begraben, von wo aus er sich knapp

3 m über das umliegende Terrain erhob. Wir stießen auf den Findling, als wir querfeldein durch die Wälder Ski fuhren. Der Findling war von den Ästen der umstehenden Bäume überwuchert und von Gestrüpp und Brombeeren bedeckt. Wir machten eine Pause, um den Felsen genauer zu untersuchen. Wir entdeckten, daß er perfekt im Lot stand und wie die Wand eines Hauses aussah. An diesen Felsen bauten wir den Wohnraum unserer ersten Forest Farm aus Stein.

Das Haus in Harborside, das wir von Mary Stackhouse im Herbst 1951 kauften, war angeblich 100 Jahre alt, sah allerdings noch älter aus. In jüngerer Zeit war es von Waldarbeitern und Jägern als Schutz für ihre Werkzeuge und Vorräte benutzt worden sowie als ein Platz zum Mittagessen und gelegentlichen Übernachten. Als Mary das Gebäude kaufte, war es in einem schlechten Zustand. Es kursierte das Gerücht, daß zu dem Zeitpunkt, als Mary das Haus kaufte, die Hintertür nur noch an einem Scharnier hing.

Mary war Künstlerin, die nur wenig Geld zur Verfügung hatte. Elwyn Dyer, der dort als Zimmermann arbeitete, schätzte, daß sie etwa 1000 Dollar ausgeben konnte, aber dafür Pläne hatte, die zehnmal mehr erforderten. Sie ließ den größten Teil der Gebäude niederreißen und die besten Balken, Bodendielen und Seitenteile aus den Trümmern heraussuchen. Aus diesem und aus anderem Material errichtete sie ein 5-Zimmer-Haus und eine kleine Scheune, die als Bootshaus genutzt wurde. Als Mary kein Geld mehr hatte, plante sie immer noch eine Feuerstelle, die sie niemals baute, einen Platz für einen Holzschuppen, der niemals errichtet wurde und die Anfänge für einen Garten, den sie ebenfalls nie anlegte.

Als wir die Farm 1951 kauften, waren die Dächer von Haus und Scheune in schlechtem Zustand, die Fußböden im Erdgeschoß waren abgesackt, und die Nordwinde bliesen durch das Haus, das nicht isoliert war. In den folgenden 20 Jahren investierten wir viel Zeit, Energie und Geld für die Reparaturen und Renovierungen der alten Holzhäuser. Zwar machten wir die meiste Arbeit selbst, so daß die Ausgaben nicht zu hoch waren, aber dafür mußten wir jahrein, jahraus basteln, reparieren und Schadhaftes durch Neues ersetzen.

Wir deckten Haus und Garage neu, wechselten die Holzschindeln durch Asphaltschindeln aus und erneuerten im Laufe der Zeit auch einige Dachbalken. Wir ersetzten die hölzerne Veranda hinten am Haus durch eine Terrasse aus Stein und Beton, die Haus und Scheune verband. Die Scheune war auf hölzernen Eckpfosten aufgestellt, die in den Boden eingegraben waren, und aufgrund dieses Erdkontaktes verrotteten diese Pfosten im Laufe der Jahre. Wir hoben die Gebäude Stück für Stück an und ersetzten die Holzpfosten durch Pfeiler aus Stein und Beton, deren Fundamente unterhalb der Frostgrenze lagen. Der Wohnzimmerfußboden basierte auf Tannenbalken, die viel zu nahe am Boden gelegt waren. Deshalb verfaulten die Balken, und der Boden sackte ab. Elwyn riß einen großen Teil des Bodens auf, ersetzte die Balken und erneuerte den Fußboden.

Wir stießen ein Loch durch die Südwand des Wohnraums und bauten dort einen Steinkamin. An den Nord- und Ostseiten des Hauses – im ersten Stock – brachten wir einen Balkon an, der sich zum Jodeln und bei gutem Wetter zur Übernachtung im Freien anbot. Nach etwa zwölf Jahren aber wurde dieser Balkon unsicher. Also wurde er abgerissen, und wir nutzten das beste des verrotteten Holzes für die Feuerstelle. Das Ergebnis all unserer Arbeit war – ein altes Haus.

Die meisten Leute versuchen, durch den zumindest zeitweiligen Gebrauch eines bestehenden Gebäudes Geld zu sparen, anstatt Material, Zeit und Geld für den Bau eines neuen zu verwenden. Heute erscheint es uns, daß Zeit, Geld, Material und Mühe anderswo besser genutzt werden können.

Wir haben diese Angelegenheit in unserer eigenen Familie zur Genüge erörtert. Wir haben die strittigen Fragen mit Freundinnen und Freunden und mit Leuten aus unserer Nachbarschaft besprochen. Wie bei so vielen anderen Problemen kann man endlos darüber diskutieren. Alle haben ihre eigenen Meinungen und Erfahrungen. Wir sind nicht nur die Vor- und Nachteile alter Häuser gegenüber neuen durchgegangen, sondern wir haben vierzig Jahre lang einen Aspekt des Problems nach dem anderen ausprobiert.

Unsere Entscheidung steht fest: Verschwenden Sie keine Zeit und kein Material für die Instandsetzung alter Gebäude. In neun von zehn Fällen ist es auf lange Sicht besser und befriedigender, mit den besten vorhandenen Materialien neu zu bauen.

Ein Haus kann nicht an einem Tag gebaut werden. Wahrscheinlich wird man viele Jahre darin leben. Daher sollte darauf geachtet werden, daß die Gestaltung, die Materialien und die Handwerksarbeit von bestmöglicher Qualität sind. Wirtschaftlichkeit, Standard der Handarbeit, Ästhetik und geschichtliche Erfahrung rufen alle nach Vollendung.

Unsere Ratschläge für die Erneuerung alter Bauten sind folgende:

1. Die Kosten für die Renovierung und für Reparaturen alter Gebäude sind etwa die gleichen wie die Kosten für ein neues Gebäude. Wahrscheinlich werden am Ende die Kosten sogar etwas höher sein. Unseren Erfahrungen nach werden sie sicherlich nicht niedriger sein.

2. Bei einem Umbau werden alte Materialien, die im neuen Gebäude eingesetzt werden, schneller verrotten als neue, besonders wenn sie aus Holz sind.

3. Solange das Gesamtmuster des alten Gebäudes nicht einheitlich war und einheitlich im neuen wiederholt wurde, wird das Ergebnis ein Nebeneinander unterschiedlicher Stilrichtungen sein. Der Bau wird weder Einheitlichkeit noch Vollständigkeit aufweisen – er wird weder alt noch neu sein.

4. Wer baut, hat Ideen und Konzepte, die Teil der eigenen Persönlichkeit sind und nicht einfach beiseitegewischt werden sollten. Solange diejenigen, die renovieren und bauen, nicht so sehr für das Antike schwärmen, daß sie alles Alte unbesehen übernehmen, empfehlen wir: Man baue gemäß der eigenen Persönlichkeit und übernehme nicht den Lebensstil oder den Geschmack von anderen.

Wenn man nicht der Vergangenheit verhaftet ist und wenn man grundlegende handwerkliche und kreative Neigungen besitzt, sollte man bei jeder sich bietenden Gelegenheit, mit dem besten Material, das man bekommen kann, selbst bauen. Man kann eigene Entwürfe ausarbeiten und sie selbst entwickeln. Wenn man gewissenhaft ist, wird im Laufe des Prozesses jedes neue Wagnis eine Chance sein, die eigenen Ideen auszudrücken und die eigenen Fähigkeiten zu verbessern, indem man versucht, das bestmögliche Ergebnis auszuarbeiten. Auf diese Weise wird man zugleich etwas erschaffen und dabei lernen – man wird zugleich lernen und kreativ sein.

*Meiner Meinung nach ist derjenige weise, der in seiner Truhe die Miete für zwei oder drei Jahre zurückgelegt hat, wenn er beginnt, seinen Haushalt einzurichten.*

*Andrew Boorde, A Dyetary of Helth, 1542*

*Jede Arbeit für den nächsten Tag sollte festgelegt werden, ob für schönes oder regnerisches Wetter, und in die Tagebücher sollten die Tätigkeiten des vergangenen Tages geschrieben werden. Neben diesen sollte man ein anderes Buch haben, für verschiedene Beobachtungen, Zweifel, Spekulationen und Berechnungen, um verschiedene Möglichkeiten miteinander zu vergleichen, die das gleiche Ziel betreffen... Lose Papierstücke gehen gewöhnlich nach einiger Zeit verloren, so daß, wenn man sich ihnen zuwenden will, um ein früher niedergeschriebenes oder besprochenes Thema zu überprüfen, man bei der Suche nach einer Aufzeichnung mehr Zeit verliert, als man brauchen würde, um ein halbes Dutzend neue anzufertigen. Aber werden solche Angelegenheiten in ein Buch aufgenommen, findet man leicht, was man sucht, und das Wissen wird auf früheren Ideen und Erfahrungen gründen und sich mit viel mehr Klarheit erweitern.*

*Arthur Young, The Farmer's Calendar, 1805*

*Ich ermutige jede Familie darin, im Rahmen ihrer Mittel zu leben. Falls es einen Weg gibt – und es gibt ihn sicherlich – ebenso komfortabel und glücklich mit sehr geringen Mitteln zu leben, wie wir es nun mit größeren tun, ist es sicher wünschenswert, diesen zu kennen, besonders in Zeiten wie den heutigen. »Aber angenommen, die Mittel sind sehr gering, was dann?« Nun, dann lebe mit sehr geringen Mitteln.*

*William A. Alcott, Ways of Living on Small Means, 1837*

*Niemand wird daran zweifeln, wie wichtig es ist, Arm und Reich gleichermaßen zu ermuntern, beim gegenwärtigen Stand der Dinge möglichst mit dem Brennstoff und der Nahrung, die ihnen zur Verfügung stehen, auszukommen. Je schneller wir verstehen, daß wir bedauernd von den »guten alten Zeiten« mit ihren guten alten Preisen reden, die niemals zurückkehren werden, desto schneller werden wir aufhören, verlangend auf die billigere Vergangenheit zurückzuschauen, und uns statt dessen sinnvoll und tapfer anstrengen, um den steigenden Lebenshaltungskosten zu begegnen.*

*Lady Barker, First Lessons in the Principles of Cooking, 1886*

# Pläne, Aufzeichnungen und Haushaltsbudget

Menschen haben schon immer geplant und über ihre Aktivitäten Buch geführt. Steinzeitmenschen meißelten ihre Aufzeichnungen auf massive Findlinge. Später nutzten die Menschen dazu Horn, Holz, gebrannten Ton, Tierhäute und Pflanzenfasern. Was auch immer das Medium war, auf dem sie ihre Ansichten notierten, ihre Ziele niederschrieben oder ihre Pläne entwarfen – Menschen haben die Vergangenheit aufgezeichnet, die Gegenwart überblickt und ihre Entwürfe für die Zukunft festgehalten.

Schriftliche Aufzeichnungen haben einen vielfältigen Nutzen. Für den Garten sind sie genauso wichtig wie für die meisten anderen Bereichen menschlichen Strebens und Bemühens.

Erfolgreiches Gärtnern beginnt mit einem Überblick über den künftigen Garten – eine Abschätzung seiner Möglichkeiten und Begrenzungen. Anschließend folgt eine grobe Skizze des Projektes. Sobald diese zu Papier gebracht ist, wird die Skizze als Arbeitszeichnung in das Gartenbuch übertragen. Zwar handelt es sich noch immer um eine Freihandzeichnung, diese umreißt jedoch bereits das gesamte Gartenprojekt.

Der Garten sollte möglichst sanft in Richtung Süden abfallen. So kommt ihm die maximale Sonneneinstrahlung zugute, und gleichzeitig wird von Bäumen oder Gebäuden oder sogar von größeren Gartenfrüchten nur wenig Schatten erzeugt. Wenn man hohen Mais oder Stangenbohnen oder andere hochwüchsige Früchte anbauen möchte, sollten diese so plaziert werden, daß möglichst wenig Schatten entsteht.

Eine zweite wichtige Überlegung ist die Fruchtfolge. Nur in seltenen Ausnahmefällen sollten Gartenfrüchte öfter als eine Saison an der gleichen Stelle angebaut werden. In der zweiten und dritten Saison sollte man etwas anderes pflanzen.

Irische Kartoffeln wachsen besser, wenn sie jedes Jahr auf eine frische grüne Wiesenfläche gepflanzt werden. Aus diesem Grund haben wir vier Beetflächen nebeneinander angelegt. Wir beginnen mit der Fruchtfolge, indem wir Kartoffeln auf Beet 1 pflanzen, das im Idealfall im vorigen Jahr mit jungem Gras bedeckt war. In der Zwischenzeit wachsen auf den Beeten 2, 3 und 4 andere Früchte.

Im zweiten Jahr stehen die Kartoffeln auf Beet 2. Auf Beet 1 ist mittlerweile Kürbis gepflanzt worden. Im dritten Jahr kommen die Kartoffeln auf Beet 3 und die Kürbisse auf Beet 2. Beet 1 wird mit frischem Gras und Klee eingesät. Im vierten Jahr wachsen die Kartoffeln auf Beet 4 und die Kürbisse auf Beet 3. Beet 2 trägt eine karge Grasdecke, Beet 1 dagegen eine dicke Grasschicht. Im fünften Jahr ersetzen die Kartoffeln den Rasen auf Beet 1, die Kürbisse belegen Beet 4, und auf Beet 3 wird Gras gesät. Beet 2 darf nun selbst zu einer grünen Wiese werden.

Dies ist eine kleinere Fruchtfolge. Alle fünf Jahre kehrt die gleiche Frucht an ihren Platz zurück. Zwischen zwei Wiederholungen liegen drei Jahre für andere Früchte: eins für Kürbis und zwei für eine grüne Wiese.

So wie unser Garten momentan angelegt ist, wird er durch zwei Wege grob in vier Abschnitte unterteilt. Jedes Jahr trägt eine der vier Flächen Stangenerbsen, eine zweite Stangenbohnen, eine dritte Gurken, Melonen und Tomaten und eine vierte kleinwüchsige Gemüse. Jedes Jahr wandern diese vier Fruchtarten auf eine neue Fläche und wechseln so ihren Standort.

Alle Gärten besitzen noch einen fünften Abschnitt: halb-permanente Sorten wie Spargel, Artischocken, Rhabarber und Erdbeeren, die ohne jährlichen Wechsel ein paar Jahre lang an der gleichen Stelle stehen können. Erdbeeren bleiben zwei oder drei Jahre an einem Ort, Rhabarber und Spargelpflanzungen, wenn sie einmal angelegt sind, sogar ein Jahrzehnt oder mehr. Halbpermanente Sorten sollten zusammen gruppiert und so gepflanzt werden, daß sie so wenig wie möglich in die Gartenroutine eingreifen.

Im biodynamischen Gartenbau rangiert die Beetkultur vor der Reihenkultur. Die meisten organischen Gärten in den Vereinigten Staaten werden in Abschnitte unterteilt, in denen fast alles in Reihen gepflanzt wird. Die Ausnahmen sind Stangenbohnen, Mais, Gurken, Kartoffeln und Kürbis, die in Hügeln gepflanzt werden. Mit hand- oder motorbetriebenen Geräten kann man leicht durch die Reihen gehen und das Unkraut vernichten, so daß das Gärtnern folglich vereinfacht wird.

Die Beetgärtnerei ist anders. Hier werden die Beete mehrere Zentimeter über die umliegende Gartenfläche angehoben. Manchmal werden die Beete an den Seiten begrenzt oder eingefaßt. Im allgemeinen entstehen Beete durch Anhäufen von Erde, wobei das Beet so schmal ist, daß es von beiden Seiten bearbeitet werden kann, ohne daß der Boden auf dem Beet niedergetreten wird.

Dies ist keine neue Erfindung. In China und Frankreich kennt man solche Intensivkulturen schon seit Jahrhunderten. Normalerweise sind die Beete etwa 1 m breit. Sie werden parallel angelegt, wobei stets ein Zwischenraum zum Gehen gelassen wird. Auf diese Weise wird der Garten zu einer Reihe von aufgehäuften Beeten gleicher Breite, und die engen Fußwege dazwischen dienen bei nassem Land als Entwässerungsgräben und bei trockenem Land als Bewässerungsgräben.

Die erhöhten Beete werden jeweils zu zweit bepflanzt und bearbeitet, eine Person arbeitet entlang des Grabens auf der einen Seite des Beetes und die andere auf der anderen Seite. Das gesamte Beet kann man erreichen, ohne auf das Beet treten zu müssen. Die Erde, besonders Ton- oder Lehmerde, bleibt somit leicht und locker, wodurch Unkraut leichter herausgezogen werden kann und die Pflanzenwurzeln gut in die Erde eindringen.

Die Vorteile sind offensichtlich. In unseren früheren Gärten, in denen Reihenkulturen an der Tagesordnung waren, hielten wir die lose Erde durch Walzen nieder und klopften sie mit einem Spaten fest. Nach dem Säen liefen wir sogar auf den Samen herum. Bei der Beetkultur läßt man die Füße auf den Wegen und drückt die Samen überhaupt nicht fest, sondern tut alles mögliche, um die Erde für Sonne, Luft und maximale Feuchtigkeitsaufnahme offenzuhalten.

Wenn die Beete richtig vorbereitet sind und die Erde locker und bröckelig ist, können Sonnenlicht und Luft frei eindringen, und das Wasser wird von der Erde absorbiert, ohne daß große Verluste durch Verdunstung oder Abfluß auftreten. Arbeiten wie Ausdünnen und Jäten werden stark erleichtert.

Beete können quer in kurzen oder längs in langen Reihen bepflanzt werden; der Samen kann breitwürfig gesät, eingeharkt oder eingearbeitet werden. So besteht die Möglichkeit, die Pflanzen auf einen optimalen Abstand auszudünnen und gleichzeitig Unkraut herauszuziehen. Das eindrucksvollste Ergebnis der Beet-Gärtnerei ist der hohe Ertrag pro Quadratmeter Garten, der auf die höhere Dichte der Pflanzen zurückzuführen ist.

Beim Beet-Gärtnern wie beim Reihen-Gärtnern ist es wichtig zu wissen, was zu welchem Datum gepflanzt wurde. Zu diesem Zweck verwenden wir Markierungspfosten aus Holz, Plastik oder dickem wasserbeständigem Papier, auf denen wir das Datum, die jeweilige Sorte und andere nötige Informationen notieren.

Wird die gleiche Information in einem Gartenbuch festgehalten, hat man eine gute Orientierung und kann auf einen Blick die Einzelheiten, die das jeweilige Beet betreffen, erfassen.

Wie in anderen komplexen Zusammenhängen kann man sich auch bei der Gartenarbeit mit solch einem Tagebuch (oder mit einer stets auf dem aktuellen Stand gehaltenen Kartei) einen guten Überblick verschaffen: Für jeden Tag und jede Saison erhält man genug Informationen, man weiß, was in den verschiedenen Ecken des Gartens gerade vor sich geht und kann die Gartensaison des einen mit der eines anderen Jahres vergleichen.

Man kann noch weitergehen und einen detaillierten Gartenplan im voraus anlegen; dann können die einzelnen Punkte abgehakt werden, sobald der Plan umgesetzt ist.

Hier kommen wir zu einem weiteren für die Gartenarbeit wichtigen Faktor – die Rolle der Buchführung bei der Planung, der Umsetzung in die Praxis, beim Festlegen der Grenzen, innerhalb derer die Pläne und ihre Umsetzung sich bewegen müssen, und schließlich beim Erstellen der Bilanz am Ende des Projektes, damit auf einen Blick ersichtlich ist, ob das Ganze rentabel, ein Verlustgeschäft oder gerade so kostendeckend war.

Hinter jedem erfolgreichen Unternehmen steht nicht nur ein Plan, sondern auch eine Reihe von Vorbereitungen, die den Erfolg des Projektes wahrscheinlicher machen. Die Entscheidung, sich selbst zu versorgen, ist keine zufällige Angelegenheit, sondern sollte vielmehr das Ergebnis sein von sorgfältigen Überlegungen, einer Serie definitiver Entscheidungen und der Entschlossenheit, das Projekt bis zu einem befriedigenden Ergebnis zu Ende zu bringen. Die ersten drei Jahre sind die schwierigsten und kritischsten. Diese Zeit ist nötig, um die damit verbundenen Notwendigkeiten und Möglichkeiten ausprobieren und bewerten zu können.

Wer versucht, die Marktwirtschaft zu verlassen und in eine Gebrauchswirtschaft überzuwechseln, geht durch eine Übergangsperiode, die sicherlich einige Monate und vielleicht sogar ein paar Jahre dauert. In dieser Zeit fehlt die Sicherheit der alten Ökonomie, und die Hoffnungen und Versprechungen der neuen werden noch nicht realisiert. Diese Lücke muß mit einem gewissen Anfangskapital überbrückt werden, das ausreicht, um die Versorgung während dieser Übergangszeit sicherzustellen. Wer solch einen Wechsel plant, muß in der Lage sein, sich die in dieser Zeit lebensnotwendigen Güter und Dienstleistungen zu verschaffen.

Die meisten unserer Freundinnen und Freunde, die von einer Marktwirtschaft in eine Gebrauchswirtschaft überwechselten, hatten genug Geld zur Seite gelegt, um damit den Bedarf an Nahrung und Kleidung sowie die Kosten für Wohnraum für mindestens ein Jahr abzudecken. Einige stellten sich auch auf zwei oder sogar drei Jahre ein. Andere gingen weiterhin monate- oder jahrelang halbtags arbeiten. Bei einigen größeren Gruppen hatten manche Mitglieder jahrelang an ihren herkömmlichen Arbeitsplätzen weitergearbeitet und Teile ihres Verdienstes dem Gruppenvermögen beigesteuert.

Am wichtigsten allerdings sind Leute, die mitmachen. Nur ein außergewöhnliches Individuum – ein überzeugter Eremit – kann sich auf Dauer selbst versorgen. Alle anderen sollten einen oder mehrere erfahrene Partner haben. Vielleicht sollte man sagen, je mehr Leute zusammen wirtschaften, desto besser, aber zumindest ist eine Person nötig, die ausdauernd an dem Projekt festhält.

Wenn man sich erfolgreich selbst versorgen will, muß man Tag und Nacht, 365 Tage im Jahr und mehrere Jahre hindurch arbeiten, bevor man »aus dem Gröbsten heraus« ist. Es ist eine große Verantwortung für jede einzelne Person, ununterbrochen pflichtbewußt und verantwortlich zu sein – Tag für Tag, Jahr für Jahr. Daher sollten Verantwortung und die nötige Arbeit möglichst geteilt werden. Nur die »richtigen Leute« werden dabei Erfolg haben.

Vieles lernt man aus Erfahrung. Es ist daher besser, wenn einige der künftig Beteiligten bereits auf Erfahrungen zurückgreifen können, denn auf diese Weise verfügen sie schon über manche Fähigkeiten, die für ein solches Projekt notwendig sind.

Für die erfolgreiche Selbstversorgung ist es notwendig, daß genügend Land zur Verfügung steht. Dieses Land sollte den jeweiligen Bedürfnissen entsprechen. Wenn möglich, sollte es frei von Hypotheken oder anderen Schulden sein.

Zur Selbstversorgung ist Kapital erforderlich, d. h. genug Bargeld oder zumindest ein ausreichender Kredit, um das Unternehmen mindestens zwei oder besser drei Jahre lang ohne Einkommen aus dem eigentlichen Projekt weiterführen zu können. Natürlich wird nach und nach etwas Einkommen zum Anfangskapital dazukommen, aber da dessen Höhe unbestimmt ist, kann man sich nicht darauf verlassen. Das Startkapital sollte so bemessen sein, daß das Projekt über eine längere Probezeit hinweg bestehen bleiben kann. In dieser Zeit sollten mit Hilfe des Startkapitals die erforderlichen Werkzeuge und anderes Zubehör angeschafft werden.

Ganz wichtig ist eine gute Buchführung. Eine Person sollte für die nötige Papierarbeit verantwortlich sein; dazu gehört auch die Erstellung eines Ausgabenplans, der alle notwendigen und erwarteten Ausgaben beinhaltet.

Wenn zwei oder mehr Leute an dem Projekt beteiligt sind, sollten sie ernsthaft dazu entschlossen sein, das Experiment zum Erfolg zu führen. Jeder Schritt sollte geplant, zu Papier gebracht, diskutiert, wenn nötig verändert, beschlossen und dann ausgeführt werden. Für jeden Tag, jede Woche und jeden Monat sollte es ein Arbeitsprogramm geben, das zu Papier gebracht und beständig als Führer und bestimmender Faktor zu Rate gezogen wird. Das gesamte Projekt könnte als »Drei-Jahres-Plan« bezeichnet werden.

Wer sich für die Selbstversorgung entscheidet, verfügt meist nur über begrenzte Geldmittel. Um auf Dauer erfolgreich zu sein, ist man daher gut beraten, wenn man der Devise »immer bar bezahlen!« folgt. Am besten hält man die Ausgaben stets innerhalb des vorhandenen Einkommens und vermeidet die Zins-Sklaverei wie jedes andere Übel.

Bei der Selbstversorgung sollte man zwischen den laufenden Ausgaben und den Investitionen klar unterscheiden. Das jährliche Budget sollte einen Bilanzbogen mit laufenden Einnahmen auf der einen und laufenden Ausgaben auf der anderen Seite enthalten. Man sollte jede Anstrengung unternehmen, um das Jahr mit einem Gewinn abzuschließen.

Wie jeder andere Gewinn kann der Budget-Überschuß verwendet werden, um persönliche Wünsche zu erfüllen, oder er kann als Investition wieder in das Geschäft einfließen, z. B. für den Kauf neuer Werkzeuge oder zum Anlegen von Materialvorräten.

Unsere Zuckerherstellung in Vermont ergab jedes Jahr einen Gewinn, gleichzeitig jedoch waren stets neue Investitionen erforderlich, um abgenutztes Zubehör zu ersetzen. In jedem Jahr waren Safteimer beschädigt, manche Röhren mußten erneuert werden, und es wurden neue Werkzeuge gekauft. Jedes Jahr legten wir einen Teil des Überschusses beiseite, um derartige Wertverluste zu decken.

Darüber hinaus wollten wir das Zuckerhaus und seinen Inhalt auch versichern. Zuckerhäuser sind gefährliche Orte, denn das Feuer im Verdampfer ist heiß, so daß es bei der Sirup- und Zuckerherstellung schon oft zu ernsten Verlusten durch Brände gekommen ist. Wir gingen zu einem Versicherungsbüro. Oh ja, man würde unser Zuckerhaus samt Inhalt für 500 Dollar versichern, aber Risiko und Prämie waren hoch. Es hätte uns jährlich 25 % bzw. 125 Dollar gekostet.

Wir dankten dem Versicherungsvertreter und gingen unseres Weges. Jedes Jahr nahmen wir 125 Dollar vom Überschuß und legten das Geld beiseite. Nach vier Jahren hatten wir 500 Dollar. Mit diesem Geld bauten wir ein zweites Zuckerhaus und installierten eine zweite Ausrüstung an Zucker-Werkzeugen, so daß wir im Fall des Abbrennens des ersten Zuckerhauses während der Saftsaison im zweiten Zuckerhaus die Arbeit hätten beenden können. Zusätzlich konnten wir bei großen Saftmengen beide Zuckerhäuser gleichzeitig betreiben und waren so in der Lage, die Produktion an einem guten Saft-Tag zu verdoppeln.

Die Großindustrie der USA arbeitet mit komplizierten Methoden der Buchhaltung – Kostenrechnung, Abschreibung, spezielle Fonds und Einrichtungen –, die Überschüsse verdecken und die Steuer verringern sollen. Wir als Kleinunternehmen können von der Großindustrie lernen, sorgfältig buchzuführen und in die Zukunft zu sehen, um somit die eine oder andere Schwierigkeit zu vermeiden.

Pläne und Aufzeichnungen können für ein Kleinunternehmen ebenso wichtig sein wie für ein Großunternehmen. Gut geführte Aufzeichnungen erzählen die Geschichte jedes Unternehmens, und auf lange Sicht sind sie die Grundlage, auf der die Geschichte des Unternehmens geschrieben wird.

*Setz dich nieder und nähre dich; sei willkommen an unserem Tisch.*
*William Shakespeare, As You Like It, 1599*

*Jeder Mann soll in Sicherheit essen, was er angebaut hat; er soll unter seinen eigenen Reben sitzen und die fröhlichen Lieder des Friedens mit all seinen Nachbarn singen.*
*William Shakespeare, Henry VIII, 1612*

*Während ich in den Wäldern lebte, hatte ich mehr Besuch als in irgendeiner anderen Zeit meines Lebens. Einmal hatte ich zugleich 25 oder 30 Seelen mit ihren Körpern unter meinem Dach... Aber nur wenige kamen, um mich bei der alltäglichen Arbeit zu sehen. In dieser Hinsicht wurde meine Gesellschaft wegen meiner bloßen Entfernung zur Stadt gemieden.*
*Henry David Thoreau, Walden, 1854*

*Über den Fluß und durch die Wälder werden wir zu Großvaters Haus gehen.*
*Lydia M. Child, Thanksgiving Day, 1870*

*Graben war nicht das, wonach jede Hand verlangte. Einige sind zum Graben geboren, andere haben sich das Graben aufgebürdet.*
*E.F. Green, A Few Acres and a Cottage, 1911*

*Türglocken sind wie ein magisches Spiel oder wie der Glückstopf auf dem Jahrmarkt – man weiß nie, wenn man jemanden läuten hört, wer dort warten mag.*
*Rachel Lyman Field, in Taxis and Toadstools, 1926*

*Sie hinterließ keine kleinen Dinge, außer liebevollen Gedanken und Freundlichkeit.*
*Rose Henniker Heaton, The Perfect Guest, 1930*

# Besuch und Hilfe

Hunderte von Menschen besuchten uns und unsere Farm in Vermont. Die Tausenden von jungen Leuten, die nun zu unserer Farm in Maine kommen, gehören zu der gleichen Art von Menschen, die auf der Suche sind. Sie haben etwas über unsere Waldfarm gehört oder gelesen und sind neugierig darauf zu erfahren, wie das Projekt funktioniert. Sie sind offen für alles, was eine idealistische Zielsetzung hat und sich von der konventionellen Gesellschaft unterscheidet. Sie sind ungebunden oder leben in einer lockeren Partnerschaft, sie sind unpolitisch, und sie nehmen Einschränkungen höchst unwillig hin – besonders wenn sie von der Regierung auferlegt sind.

In steigendem Maße wenden sie sich von einer Welt ab, die den Krieg toleriert hat und sich auf die Möglichkeit eines neuen Krieges in der Zukunft vorbereitet. Obwohl sie sich brennend für den Frieden in einem weiten Sinne interessieren, sind sie nicht bereit, sich einer Organisation anzuschließen, die für dieses Ziel arbeitet. Der Faktor »Freiheit« besitzt praktisch für alle einen hohen Wert, und zwar in dem Sinne, daß sie ihre persönlichen Ziele und Neigungen verfolgen können. Allerhöchstens gehören ein paar von ihnen ganz bestimmten Gruppierungen an, die entweder eine bestimmte Ernährungsrichtung verfolgen oder sich mit Yoga beschäftigen.

Sie wandern umher und suchen einen Weg, um der Rechthaberei und Oberflächlichkeit zu entfliehen, und zeigen dabei diese nervöse Unzufriedenheit, die Menschen charakterisiert, die kein richtiges Zuhause haben. Niemals zuvor in unserem Leben haben wir so viele unabhängige, ungebundene, unsichere und unentschiedene menschliche Wesen getroffen.

Natürlich gibt es einige unter ihnen, die bewußt und gewissenhaft und mit genügend Ernsthaftigkeit auf ein Ideal zuarbeiten, an das sie glauben und dem sie sich verpflichten. Sie suchen deutlich eine Nische, in der sie eine wirkungsvollere Rolle spielen, um eine neue und bessere Lebensweise mit aufbauen zu können.

Viele junge Paare, Einzelpersonen und Gruppen kamen zu uns und fragten, ob wir ihnen Land zur Verfügung stellen könnten. Sie hatten begrenzte Mittel. Die meisten von ihnen waren von Küste zu Küste gereist, auf der Suche nach einen Ort, wo sie sich leisten konnten zu bleiben und der ihnen Möglichkeiten für einen befriedigenden alternativen Lebensstil bieten würde. Sie waren Wanderer zwischen zwei Welten.

Wir hatten gut 40 Hektar (unser Vertrag belief sich auf über 55 Hektar, aber das Grundstück erwies sich im Endeffekt als viel kleiner, und im Moment haben wir nur noch etwa zehn Hektar). Wir beschlossen, das, was wir hatten, mit den richtigen jungen Leuten zu teilen. So verkauften wir Susan und Elliot Coleman, einem vielversprechenden jungen Paar, ein großes Stück Land zu einem Preis, den sie bezahlen konnten. Ein weiteres Stück Land ging an Jean und Keith Heavrin, und später verkauften wir den vom Wasser am weitesten entfernt gelegenen Zipfel an Greg Summers. Alle waren auf eine künftige Selbstversorgung vorbereitet. Sie rodeten ihr Land und errichteten die notwendigen Gebäude.

Die Colemans wählten als Einnahmequelle den Gemüse- und Obstanbau und hatten in der Marktgärtnerei großen Erfolg. Die Heavrins bauten ein schönes Haus und einen tiefen Keller, fügten einen großen Weiher dazu, widmeten sich der Tierzucht und verrichteten diverse Bauarbeiten, um ihr Einkommen zu erwirtschaften. Greg Summers, der eine künstlerische Vergangenheit in Wisconsin hatte, zog einen guten Garten in den Wäldern auf und übernahm Druckarbeiten, um das nötige Geld zu verdienen.

Ein echtes Problem war die große Anzahl an Alleinreisenden und Paaren, die ein paar Tage, eine Woche oder einen Sommer lang bei uns arbeiten wollten, um sich mit Garten- und Bauarbeiten vertraut zu machen. Wir erhielten Hunderte von Briefen mit Fragen, ob sie hierher kommen, ihre Zelte aufschlagen und bei uns arbeiten könnten. Aber wo sollten sie bleiben? Auf einem Teil des gerodeten Grundstücks der Colemans bauten wir einige Hütten mit Heiz- und Kochgelegenheiten und schufen Übernachtungsmöglichkeiten für Rucksackreisende. Dieser Lagerplatz war stets vom Frühjahr bis zum Herbst belegt.

Die jungen Leute, die hier zusammenkamen, kannten sich nicht, fanden aber Gemeinsamkeiten. Wann immer sie dazu bereit waren, arbeiteten sie in wechselnden Zusammensetzungen miteinander. Bei der Arbeit wurden ihnen Mahlzeiten und Gartenprodukte zur Verfügung gestellt. Sie hatten Musikabende am Lagerfeuer. Sie nahmen an unseren wöchentlichen Montagstreffen teil, wo alles vom Kompost bis zum Kommunismus diskutiert wurde. Sie gingen zum Square-Dance in der Nachbarschaft. Im Ganzen verlebten sie hier wohl eine wertvolle und glückliche Zeit. Es war eine freie und einfache, nur lose verknüpfte Gemeinschaft von Menschen, die kamen und gingen. Einige von ihnen, die sich mit uns anfreundeten und mit denen wir korrespondierten, kamen bei jeder sich bietenden Gelegenheit zurück.

Ähnliche Aktivitäten finden in verschiedenen Teilen von Maine und überall dort in Neu-England und den Vereinigten Staaten statt, wo durch verschiedene Mittel Land gesichert und Selbstversorgungsgemeinschaften, Kollektive und Kommunen eingerichtet werden.

Allerdings können wir uns nicht daran erinnern, daß jemals Schwarze oder Töchter und Söhne von Minenarbeitern zu uns kamen, noch lernten wir junge Leute kennen, deren Eltern in Textilfabriken oder in Stahlwerken arbeiteten. Meist waren es Kinder von Kaufleuten, Ärzten, Lehrern, Bankiers und Beamten – sie waren in Wohlstand hineingeboren und im Komfort aufgezogen worden, wenn sie nicht gar im Luxus gelebt hatten. Sie hatten wenig oder keine richtige Arbeitserfahrung. Sie hatten vielleicht mal das Geschirr abgewaschen, waren einkaufen gegangen, hatten irgendwelche Artikel verkauft oder für kurze Zeit in einer Schule unterrichtet, aber sie waren nie lange Zeit dabei geblieben. Gelegentlich kamen Leute vorbei, die auf einer Farm gearbeitet hatten und sich auf diesem Gebiet etwas auskannten. Nur einige wenige verfügten über wirkliche Fertigkeiten. Sie gehörten zu den Ausnahmen.

Natürlich sind die jungen Leute, die zu uns kommen, für die amerikanische Jugend der Nachkriegszeit nicht unbedingt repräsentativ. Möglicherweise handelt es sich bei den jungen Leuten, die bei der Waldfarm vorbeischauen, um Übriggebliebene, die nicht in das gegenwärtige Gesellschaftsbild passen und die besonnen einen anderen Lebensstil suchen. Sie haben diese Richtung gewählt, während diejenigen, die bereit oder geneigt sind, sich dem Establishment anzupassen, eine andere Wahl getroffen haben und fester Bestandteil der typisch amerikanischen Gesellschaft geworden sind. In diesem Sinne sind unsere Gäste eine bunte Horde. Durch Ausprobieren sondern sich die Schafe von den Ziegen ab – oder die Ziegen von den Schafen.

Bevor wir von Vermont nach Maine umzogen, war aus dem anfänglichen Tröpfeln der Besucherinnen und Besucher ein Strom geworden. Während der nächsten Jahre in Maine wurde dieser zur Flut. In den 70er Jahren lag die Zahl unsere Gäste zwischen 2000 und 2500 im Laufe eines Jahres. Oft waren es Dutzende am Tag.

Wie werden wir mit dieser Belagerung fertig? Durch eine einzige und allgemeingültige Regel: Wenn jemand unangemeldet kommt, fahren wir mit dem fort, was wir für diesen Tag und für diese Uhrzeit geplant hatten. Wenn wir am Schreiben sind, schreiben wir weiter. Wenn wir draußen arbeiten, machen wir damit weiter. Das findet oft nicht den Gefallen derer, die lieber herumsitzen und über dieses und jenes reden möchten. Wir müssen jedoch weitermachen, damit wir unsere Arbeit erledigen können.

Viele Besucher sind mit viel Wohlwollen, Eifer und Begeisterung bei der Sache. Einige wenige erweisen sich als erfahrene Leute, die mit Werkzeugen umgehen können. Einige leisten wirkliche Beiträge zu den Projekten, mit denen wir befaßt sind.

Wir hatten ein paar Findlinge aus der Eiszeit, die ihren Ruheplatz auf unserem Land gefunden hatten. Der größte dieser Felsen muß fast eine halbe Tonne gewogen haben. Da er uns im Weg war, beschlossen wir, ihn 10 m weiter zu bewegen. Eine einzelne Person konnte ihn nicht einmal mit einer Brechstange bewältigen. Zu fünft dagegen konnten wir ihn handhaben, solange wir als Team arbeiteten und jemand die entsprechenden Anweisungen gab. Mit Sprengstoff und einer ganzen Reihe von Stangen hätten wir den Felsen zerbrechen können, allerdings nur mit viel Zeitaufwand. Und wir wollten ihn auf alle Fälle an eine andere Stelle schaffen. Schließlich schoben wir ihn mit Stangen und Ketten und mit Hilfe eines Vierradlasters zu seinem neuen Standort. Die Teamarbeit machte sich bezahlt.

Da die Zahl unserer Besucherinnen und Besucher sehr stark schwankte, mußten wir sie in ein oder zwei Arbeitsteams aufteilen. Natürlich gab es immer wieder Leute, die neu hinzukamen oder abreisten. Aber sobald wir davon ausgehen konnten, daß zwei, drei oder vier erfahrene und zuverlässige Leute zur Verfügung standen, organisierten wir so viele Teams, wie wir an diesem Tag gebrauchen konnten. Wir teilten die Arbeit so auf, daß alle entsprechend ihren Vorlieben und Erfahrungen eingesetzt wurden. Die meisten Teams bestanden aus drei bis fünf Leuten, von denen jemand mit Erfahrung die Leitung übernahm. Auf diese

Weise konnten wir Fundamentgräben ziehen, Beton gießen, Gestrüpp roden und vor allem Straßen bauen. Diejenigen mit guten Kenntnissen auf dem jeweiligen Gebiet führten diese Arbeiten aus, und die anderen mit weniger Erfahrung lernten dabei.

Wenn wir beide allein waren, gab es keine Probleme. Wir konnten im Haus, im Wald, im Garten oder am Bau arbeiten. Wenn mehr Leute da waren, versuchten wir, die Arbeit bestmöglich auf die Anwesenden zu verteilen. Bauen war nicht ihre Stärke, und Maurerarbeiten wagten wir nicht, ihnen zu überlassen. Im Garten konnten wir gewöhnlich nur wenige unerfahrene Leute gebrauchen. Waldarbeiten mit scharfen Werkzeugen waren gefährlich, wenn man keine Erfahrung im Umgang mit ihnen hatte. So fiel die Wahl dann gewöhnlich auf das Landroden oder den Straßenbau, wenn viele Leute da waren. Nicht immer mochten sie das, viele wollten lieber herumsitzen und reden, aber mit denen, die dazu bereit waren, begannen wir schließlich mit der Arbeit.

Die vielleicht schwerste Arbeit für sie war das Abtragen eines schroffen Felsens. Sie nannten sich selbst »die Kettensträflinge«, wobei sie aber Lieder sangen und mit großem Willen und nur gelegentlichen Ruhepausen arbeiteten. Einige Neulinge waren zum ersten Mal in ihrem Leben mit solch einer schweren körperlichen Arbeit betraut und hatten gewisse Schwierigkeiten damit, sich schmutzig machen zu müssen. Andere dagegen fanden das Abtragen eines Felsens spannend. Für einige war die Arbeit ermüdend, für andere faszinierend.

Wir legten ein richtiges Wegenetz an und fuhren mit dem Straßenbau fort. Als Material verwendeten wir zunächst große Steine, dann kleine Steine und schließlich Kies als Abschluß. Wo kamen diese Materialien her? Vom Strand an unserer Bucht und von dem Felsvorsprung neben unserem Haus. Wir arbeiteten mit Äxten, Spitzhacken, Stangen, Hakken, Forken und Schaufeln an der Klippe. Wir schnitten Bäume, Gestrüpp und Sträucher. Wir gruben Wurzeln aus. Wir kratzten die Waldoberfläche mit Kellen ab und sammelten sorgfältig Mutterboden, den wir für die Landschaft oder den Garten bewahrten. Oft wurden diese leichteren Arbeiten von Frauen übernommen, aber es gab unter ihnen auch Kräftige, die lieber mit Hacke oder Axt arbeiteten oder die schweren Schubkarren mit Felsbrocken oder anderem Abfall von der Klippe zu den Straßen karrten.

Große Felsbrocken wanderten auf die jeweiligen Haufen für den Terrassenbau. Wenn sie ebene Flächen hatten, aber nicht schön aussahen, wurden sie für Fundamente verwendet. Mittelgroße Steine wurden sorgfältig in Bausteine, Ecksteine und »Häßliche« aussortiert. Den groben Rest schaufelten wir in Schubkarren und fuhren sie zur Straße, die wir um die Gebäude herum anlegten.

Dies alles bezieht sich auf die Periode der Bauarbeiten an unserem neuen Haus und Garten. In den letzten fünf Jahren haben wir immer mal wieder an diesem zeitraubenden Projekt gearbeitet, das auf seine Art und Weise faszinierend ist, und wir sind noch immer dabei. Hier haben viele Leute aus der Nachbarschaft, viele Freundinnen und Freunden und auch einige Leute, die zufällig vorbeikamen, mitgewirkt. Einige von ihnen erhielten von uns einen bezahlten Teilzeitjob. Wir hoffen, daß alle die gemeinsame Arbeit genossen haben. Unsere Aktivitäten waren zugleich lehrreich, kommunikativ, konstruktiv und unterhaltsam. Die Resultate waren im allgemeinen aufschlußreich, gesund, schön und nützlich.

Die kulinarische Seite unserer täglichen Arbeit, die Helens häuslichen Beitrag darstellte, wurde noch nicht erwähnt. Nach einem arbeitsreichen Morgen im Wald, im Garten, an der Straße oder am Bau wurden wir mittags hereingerufen. Wir sammelten unsere Geräte, reinigten sie und legten sie dorthin, wo sie hingehörten. Dann gingen wir zum Mittagessen. Wann immer das Wetter es zuließ, aßen wir im Freien auf der Veranda, die an die Küche angrenzt. Wer zufällig vorbeikam, wurde ebenfalls eingeladen. Sämtliche Mittagsgäste erhielten eine Holzschale und einen Holzlöffel. Dann wurde Suppe ausgeteilt, wobei es stets für einen zweiten oder dritten Nachschlag reichte. Je nach Jahreszeit standen frisches Blattgemüse und gekeimtes Getreide auf dem Tisch. Zudem wurden Schüsseln mit ungekochten Haferflocken, Öl und Rosinen, gekochtem Weizen, Hirse oder Buchweizen serviert. Dieses Getreide wurde mit einer Mischung aus Erdnußbutter und Honig gegessen, die wir »Scotts Lieblingspaste« nannten. »Karottenküchlein« mit einer Grundlage aus geriebenen Karotten waren ein beliebter Reiseproviant. Gewöhnlich wurde das reichliche und doch einfache Mahl mit Äpfeln abgeschlossen.

Bei diesen Mahlzeiten waren manchmal ein halbes Dutzend, an einigen Tagen jedoch zuweilen auch bis zu 20 hungriger Münder versammelt. Wir versuchten, eine Fülle an einfacher, frischer und nahrhafter vegetarischer Nahrung anzubieten: Nahrung, die ethisch und gesundheitlich wertvoll und zugleich sättigend genug war, daß sie (zumeist junge)

Leute, zufriedenstellte, die vier Stunden harte körperliche Arbeit hinter sich hatten. Oft waren die Gerichte binnen kurzer Zeit dem Heißhunger zum Opfer gefallen. Offiziell dauerte die Mahlzeit eine Stunde. Entwikkelte sich ein interessantes Gespräch und war die Arbeit nicht so dringend, blieben die Leute auch länger sitzen.

Dieser kurze Rückblick auf unsere Erfahrungen mit zwei Generationen von Helferinnen und Helfern in den letzten Jahren kann lediglich andeuten, in welchem Ausmaß diese Periode tatsächlich von einem Geist des Übergangs und der Umwandlung geprägt ist. Veränderungen finden statt; sie wirken sich tief auf die Jugend aus, und wir – die wir unser Leben fast gelebt haben – beobachten sie mit gemischten Gefühlen. Wir sind davon überzeugt, daß die Basisarbeit, die wir mit unserem eigenen Landleben geleistet haben, inklusive seinem missionarischen Anteil, der darin bestand, Leute zu uns kommen zu lassen und sie zu beobachten, in all den Jahren die Mühe wert war. Gerne würden wir weiterhin interessierte Besucherinnen und Besucher bei uns haben, wenn sie uns bei unserem Projekt helfen wollen. Aber 1976 wurde der Umgang mit Hunderten von Gästen allmählich zu einem so ernsthaften Problem, daß wir ein Schild am Eingang der Waldfarm aufstellten. Darauf steht, daß der Morgen uns gehört und wir Besuch nur von 3 bis 5 Uhr nachmittags empfangen können. Seit 1978 gönnen wir uns (zum ersten Mal) einen freien Tag, um die notwendigen Schreibarbeiten erledigen zu können (zu denen auch dieses Buch gehört). Seither empfangen wir Besuch nur nach Vorankündigung. Wir bedauerten diesen scheinbar unfreundlichen Schritt, mußten ihn aber tun, weil wir sonst überhaupt nicht zu unserer laufenden Arbeit und dem Schreiben gekommen wären.

Wir würden gerne jede Gelegenheit aufgreifen, um junge Leute bei ihrer ernsthaften Suche nach einem sinnvollen Leben zu unterstützen. Alle können mithelfen, den Lebensraum der Menschen zu stabilisieren und zu verbessern. Lange Zeit haben wir unser Bestes getan, um öffentliches Interesse zu wecken und Ideen in die Tat umzusetzen. Wir hoffen, damit so lange fortfahren zu können, wie unsere Energien reichen. Da sich unser Leben aber der Jahrhundertmarke nähert, müssen wir unseren Beitrag nun auf eine Teilzeit-Aktivität beschränken.

*Nach Ansicht vieler Hausfrauen müssen Speisen um so besser und nahrhafter sein, je mehr Kosten sie verursachen und je größer die Anzahl der reichhaltigen Nahrungsmitteln ist, die durcheinandergeworfen werden. Und in der Tat, nahrhafter sind jene Speisen, aber zugleich voller Krankheiten und teuflischer Säfte, während ein schlichtes, derbes, preiswertes und einfaches Essen sehr viel freundlicher zur Natur ist und folglich den Körper kräftigt und stärkt.*

*Thomas Tryon, The Good House-Wife Made a Doctor, 1692*

*Eine sehr karge und einfache Ernährung wird gewöhnlich als für die Gesundheit am förderlichsten angesehen.*

*Dr. W. Kitchiner, The Cook's Oracle, 1822*

*Einfacher, einfacher! Man nehme, wenn nötig, statt drei Mahlzeiten täglich nur eine einzige ein, statt einhundert Mahlzeiten nur fünf, und reduziere andere Dinge im selben Verhältnis.*

*Henry David Thoreau, Walden, 1854*

*Die Kochrezepte aus der Kolonialzeit waren als einfache Kost für ein einfaches, hart arbeitendes Volk gedacht; der Schwerpunkt lag eher auf dem Überleben als auf einem ausgefeilten Menü. Als Teller dienten selbstbehauene Holzbretter, eines reichte für zwei Personen. Zuweilen wurden am Rande der Tischplatte auch einfach Vertiefungen angebracht. Es gab Zinn- oder Holzlöffel, die von den Männern der Familie vor dem abendlichen Feuer geschnitzt wurden.*

*Gertrude I. Thomas, Foods of Our Forefathers, 1941*

*Gesunde Nahrungsmittel und Getränke sind billiger als Ärzte und Krankenhäuser.*

*Dr. Carl C. Wahl, Essential Health Knowledge, 1966*

# Unser Speiseplan

Was ist die natürlichste Nahrung der Menschen? Es sind sicherlich nicht jene unangemessenen, denaturierten Speisen, die in den Regalen der Supermärkte angeboten werden. Dies sind qualitativ eher schlechte Nahrungsmittel. Daß sie aus vielen künstlichen Zutaten bestehen, sollte allen, die solche konventionellen Lebensmittel kaufen, bewußt sein.

In normalen Lebensmittelläden gibt es kaum noch etwas Natürliches zu kaufen. Getreide wurde mit Luft aufgeblasen, zerstoßen, mit übermäßig viel Zucker versetzt und als Fertig-Frühstück abgepackt. Fleisch wurde mit Hormonen angereichert, gefärbt und ist voller Antibiotika. Säfte wurden gefiltert, geschmacklich verändert und mit Kohlensäure versetzt. Die stark verarbeiteten Konservenfrüchte sind über alle Maßen gesüßt. Auch Fertigsuppen, alkoholfreien Getränken, Salatsoßen, Süßspeisen, Ketchup und sogar Erdnußbutter wurde Zucker beigefügt. Rohes Gemüse wurde gespritzt und bestäubt, rohes Obst begast und gefärbt. Eiscreme wird bekanntermaßen stark gesüßt und durch künstliche Zusätze schmackhaft gemacht.

Restaurants und Imbißlokale, die heutzutage von so vielen Leuten aufgesucht werden, bieten Schnellgerichte an, die stundenlang auf dem Ofen gestanden und dabei ihre Vitamine verloren haben, und davor wurden sie bereits wochen- und monatelang in Warenhäusern, Zügen und Schränken gelagert. Was in hierzulande gegessen und gekauft wird, ist bereits unzählige Male in irgendeiner Weise behandelt worden. Wenn die Hungrigen ihr Mahl serviert bekommen, ist es verändert, verfälscht und weit vom Natürlichen entfernt.

Woher bekommen wir gute, gesunde, nährende und unverfälschte Nahrung? Natürlich aus unserem eigenen Garten und unserer eigenen Küche. Im besten Falle werden die Nahrungsmittel selbst angebaut und selbst gekocht – oder noch besser roh verzehrt. Die beste und einfachste Nahrung der Welt ist unbearbeitet, stammt aus dem eigenen Garten oder von Bäumen, Wiesen oder aus Wäldern und wird roh gegessen, bevor die Lebenskraft gewichen ist. Das ist eine lebendige und nährende, kurz: eine natürliche Ernährung.

Salat und andere empfindliche Blattpflanzen beginnen zu welken, sobald sie nur fünf Minuten von Boden oder Mutterpflanze getrennt sind, und auch bei festeren Gemüsen und Früchten beginnt dann bereits der Anfang des Verfalls.

Dasselbe gilt für die Nahrungszubereitung: Je weniger und einfacher, desto besser – besser für die Hausfrau wegen kürzerer Zubereitungszeit, besser für die Nahrungsmittel wegen bewahrter Vitamine und besser für den Körper wegen zusätzlicher Leistungskraft. Bearbeitete Nahrungsmittel wurden geschnitten, geschält, gekocht, gefroren, eingelegt, pasteurisiert, gewürzt, gefärbt, geräuchert, mit Geschmacksstoffen und Chemikalien behandelt und auf andere Weise verfälscht.

Denaturierte Nahrungsmittel haben wir nie gekauft, und auch Lagerhaltung versuchten wir möglichst zu vermeiden. Auswärts zu essen, besonders in Restaurants, war für uns niemals ein Vergnügen. Einmal hielten wir uns im Winter fast fünf Monate in Asien und im Nahen Osten auf. In dieser Zeit betraten wir kein einziges Restaurant. Wir besuchten die lokalen Märkte, kauften Gemüse, Früchte und Käse und aßen in unseren Zimmern. Die von uns konsumierte Nahrung war so frisch, so einfach und so unbearbeitet, wie wir sie vorfanden. Sie war weitaus gesünder, sicherer und billiger als die Speisen in Restaurants.

In bezug auf Nahrung sind wir genügsam. Genügsamkeit bedeutet, daß wir uns selbst ernähren können. In einem halben Jahrhundert Gartenbau gab es bei organisch angebauten Produkten noch nie eine Versorgungslücke. Diese Nahrung kommt direkt aus dem Garten, und zwar den größten Teil des Jahres. Im Spätherbst, Winter und Frühling haben wir drei zusätzliche Versorgungsquellen: das sonnenbeheizte Gewächshaus, wo wir Salat, Petersilie, Rettich, Lauch, Kohl und Spinat ziehen, unseren Wurzelkeller, wo Äpfel, Kartoffeln, Karotten, Zwiebeln, Rüben, Kohlrüben und anderes Wurzelgemüse in Behältern mit Herbstlaub gelagert werden, und schließlich unser Lager mit eingemachten Suppen, Säften und Apfelkompott – Speisen, die wir während der Zeit der Überproduktion beiseite legen und erst verwenden, wenn der Garten im tiefen Frost liegt.

Wir nehmen verschiedene Getreidesorten zu uns, die wir nicht auf unserem Hof anbauen: Hafer, Hirse, Buchweizen, Reis und Mais werden bei einer lokalen Kooperative gekauft. Mit Ausnahme von Äpfeln und Birnen haben wir für Baumfrüchte keine örtliche Bezugsquelle. Beeren wachsen gut bei uns: Heidelbeeren, Erdbeeren und Himbeeren. Als Pflanzenöle kaufen und verwenden wir Oliven-, Erdnuß- und Maisöl. In einem Großhandel vor Ort kaufen wir Zitrusfrüchte und Bananen. Mit diesen wenigen Ausnahmen kommen wir unserem Ideal der Nahrungsmittel-Selbstversorgung so nah, wie es uns gegenwärtig möglich erscheint.

In konventionellen Lebensmittelläden oder Supermärkten kaufen wir gelegentlich Zitrusfrüchte, Bananen, Avocados, Käse, Joghurt und saure Sahne (obwohl wir eher Tofu und Sojamilch verwenden als Milchprodukte).

Brot nimmt so viel Zeit in Anspruch, und man überlädt sich so schnell damit, besonders wenn es wie üblich mit Butter, Käse und ähnlichem belegt ist. Anstatt stundenlang Teig zuzubereiten und aus diesem Brot zu backen, essen wir unsere Getreide ungemahlen und ungeknetet. Brot schluckt man sehr leicht ungekaut hinunter; Getreide dagegen ist fester und erfordert sorgfältiges Kauen, was für die Zähne, das Zahnfleisch und die Verdauung gut ist. Feste, harte Getreide wie rohe Weizenkörner lassen wir über Nacht quellen und den Morgen über auf dem Herd köcheln. Weichere Getreidesorten wie Hirse oder Buchweizen kochen wir weniger als eine halbe Stunde. Haferflocken essen wir ungekocht. Das Getreide wird heiß oder kalt auf den Tisch gestellt und entweder mit etwas Öl und Meersalz gegessen oder mit einer Mischung aus Honig und Erdnußbutter und manchmal auch gehackten Äpfeln. Wir verwenden kaum Mehl und insbesondere keinerlei weißes Mehl; wenn wir gemahlenes Getreide möchten, mahlen wir es selbst.

Von unserer lokalen Kooperative oder dem Naturkostladen kaufen wir stets größere Mengen, so daß wir immer in Fässern oder Dosen Vorräte auf Lager haben. Mit unseren Vorräten an Weizenkörnern, Haferflocken, Buchweizengrütze, Weizenschrot, Sojaflocken, Gerste, Linsen, Hirse, Reis, Maismehl, Popcorn, Erbsen, Mungbohnen, Rosinen, Pflaumen, Datteln, Erdnüssen, Erdnußbutter, Mandeln, Sonnenblumensamen, Kräutern, Honig und Öl sind wir selbst fast ein Naturkostladen.

Wir kaufen kaum Konserven, selten tiefgefrorenes Gemüse oder Früchte, keine Fertiggerichte und niemals Kuchenmischungen, Puddings, Desserts, Pizzas, Plätzchen, Gebäck oder andere Fertigprodukte, die die Regale in den Geschäften überschwemmen.

Wir versuchen Zucker und raffinierte Zuckerprodukte zu vermeiden; statt dessen verwenden wir Honig, Ahornsirup, Melasse und süße Früchte wie Rosinen, Datteln und Pflaumen.

Da wir in einem Klima leben, in dem eine ganzjährige Ernährung mit Obst oder Rohkost nicht möglich ist, passen wir uns an und vereinfachen so viel wie möglich. Die Grundlagen unserer Ernährung sind einfach: Zum Frühstück nehmen wir selbstangebaute Kräutertees und Früchte zu uns, zu Mittag Suppe und Getreide und zum Abendessen gekochtes Gemüse und etwas Apfelkompott. Tagein, tagaus sind das unsere Mahlzeiten. Manchmal gibt es darüber hinaus noch Beilagen wie Sonnenblumensamen oder Nüsse zum Frühstück und Tofu oder Hüttenkäse zum Abendessen.

Bei unseren Mahlzeiten, die um 7 Uhr, um 12 Uhr und um 18 Uhr eingenommen werden, gibt es ein einfaches Ritual. Auf einen bloßen Holztisch stellen wir Holzschalen, Holzlöffel und Eßstäbchen. Suppe, Salat oder Nachtisch werden alle in der gleichen Holzschüssel angerichtet. Das vereinfacht den Abwasch. Wir haben uns noch nicht ganz auf Diogenes' Maßstab des einfachen Lebens eingelassen: Als dieser einen Jungen aus den Händen trinken sah, warf er sein einziges Utensil, eine Tasse, fort! Auch Ghandis entschlossenes Schweigen bei Tisch übernehmen wir nicht.

Unsere Mahlzeiten sind gesellige Anlässe, bei denen die Gesprächsthemen von der Gartenarbeit über die Weltpolitik bis hin zu den neuesten UFO-Sichtungen reichen. Bei uns geht es fast so zu wie bei jenen Freunden von William Alcott, über die dieser 1837 schrieb: »Mit ihrem schlichten Mahl und ihren angenehmen Gesprächen verbringen sie eine halbe Stunde oder sogar mehr. Manchmal sitzen sie bis 1 Uhr mittags da, besonders wenn sie Gesellschaft haben. Auch wenn berühmte Gäste da sind, wird nichts anderes angeboten als sonst auch: Brot, Kartoffeln oder irgendein anderes einfaches Gericht und vielleicht einige der besten Früchte der Jahreszeit. Sie entschuldigen sich dafür auch nicht.« (William Alcott, *Ways of Living on Small Means, 1837)*)

Wir haben noch nicht erwähnt, daß wir kein Fleisch essen. Wir betrachten die vegetarische Ernährung als wesentlichen Teil eines guten Lebens in ethischer, humanitärer und auch gesundheitlicher Hinsicht. Für uns ist der Verzicht auf Fleisch etwas völlig Natürliches. Auch wenn dies zu einem guten Leben vielleicht nicht unbedingt dazugehören muß, ist es für uns persönlich doch so. Wir können uns nicht vorstellen, daß freundliche, rücksichtsvolle, bewußt lebende Menschen Kadaver von empfindenden, wehrlosen Tieren verzehren, die in Gefangenschaft für das Schlachthaus aufgezogen wurden. Wir sind davon überzeugt, daß diese gemeine und selbstsüchtige Gewohnheit in den kommenden Jahren aufgegeben wird, wie auch der Verzehr von Menschenfleisch weitgehend aufgegeben wurde. Wenn schon nicht aus ethischen oder gesundheitlichen Gründen, so wird ein Großteil der Bevölkerung sich aus wirtschaftlichen Gründen oder aufgrund der Entwicklung des Welthungers schließlich der vegetarischen Ernährung zuwenden. Es ist wohlbekannt, daß für die Aufzucht und Fütterung von Schlachttieren mehr Land verbraucht wird als für den Anbau von Gemüse, das direkt verzehrt werden kann, ohne den Umweg über die Tierkörper machen zu müssen.

Aus Zuneigung, gesundem Menschenverstand, Sparsamkeit, Einfachheit, Ästhetik und aus gesundheitlichen Gründen essen wir nichts, was läuft oder krabbelt. Das läßt uns einen bestimmten Spielraum im Hinblick auf Eier, Milch, Joghurt, Käse, Honig und Butter. Wir verzehren diese tierischen Produkte kaum, verzichten aber auch nicht völlig auf sie. Wir kaufen noch nicht einmal ein Dutzend Eier im Jahr, essen sie aber, wenn wir sie bei anderen serviert bekommen. Wir kaufen uns auch keinen Liter Milch im Jahr, doch nehmen wir Milch in einigen Speisen, die uns angeboten werden, zu uns.

Wir essen Joghurt und bei festlichen Gelegenheiten auch Eiscreme. Käse, besonders Hüttenkäse, essen wir vielleicht ein- bis zweimal in der Woche. Unserer Meinung nach sind Pflanzenöle für uns besser geeignet als Butter, und bei ihrer Herstellung werden Tiere auch weniger ausgebeutet.

Durch die Verwendung von Honig werden die Bienen sicherlich ausgebeutet. Auch wenn sie durch diesen Prozeß nicht hungern oder getötet werden, beraubt man sie doch der Ergebnisse ihrer Arbeit. Zwar essen wir noch Honig, aber wir stellen ihn in Frage – sowohl in moralischer Hinsicht als auch im Hinblick auf seine Konzentration an Süße. Im Ganzen süßen wir nur wenig mit einem Minimum an Honig oder Ahornsirup. Unserer Meinung nach wird das Süßen hierzulande übertrieben. Auch wird viel zuviel Eiweiß und Getreidestärke verzehrt. Wir nehmen recht wenig Eiweiß zu uns, und das in Form von Samen, Nüssen und bestimmten Gemüse- und Obstsorten. Getreidestärke verzehren wir nur einmal täglich.

Wir bevorzugen lebendige, rohe Nahrung und essen diese so frisch wie möglich, wenn sie noch voller Leben ist. Wenn Nahrung nicht roh gegessen werden soll, ist Backen besser als Kochen, und beides ist besser als Braten. Wir versuchen, die Ernährung einfach zu halten, möglichst wenig zu vermischen und vorzugsweise nur ein Nahrungsmittel auf einmal zu essen. Wir haben uns vorübergehend auch schon sehr einseitig ernährt – zum Beispiel indem wir etwa zehn Tage lang nur Äpfel oder ersatzweise Säfte zu uns nahmen oder fasteten und dabei nur Wasser tranken. Dies ist nach unserer Einschätzung für den Körper gesund, reinigend und beruhigend und für die Hausfrau eine Erleichterung. Einen Tag in der Woche fasten wir 24 Stunden lang und nehmen ausschließlich Flüssigkeit, entweder Säfte oder Wasser, zu uns. An diesen Fastentagen geht es uns gut, und wir freuen uns stets auf diese Höhepunkte der Woche.

Solange man nicht hungert, kann das Nicht-Essen so viel Freude bereiten wie das Essen. So wie man sich wunderbar befreit fühlen kann, indem man sich den Kopf völlig kahl rasieren läßt, so kann auch das Fasten twas vollkommen Befreiendes und Erleichterndes mit sich bringen.

Immer wieder werden wir nach unserer Eiweißquelle befragt. Wir stellen stets die Gegenfrage: Wie decken Kühe, Elefanten und Nashörner – alles kraftvolle, starke Tiere – ihren Eiweißbedarf? Die Antwort lautet: von Gras, Laub und anderen grünen Dingen. Sie verzehren keine raffinierten, gekochten, eingelegten, entwässerten, pasteurisierten, gewürzten, gesalzenen, eingemachten oder anderweitig behandelten »Lebens«mittel. Sie sind einfache Wesen, die sich auf natürliche Weise ernähren. Wir versuchen, es ihnen gleichzutun: Wir sind einfach lebende Leute, die von einfacher Nahrung leben, von selbst angebauten, organisch gewachsenen und einfach zubereiteten Nahrungsmitteln. Unser Essen ist vital, nahrhaft und wirtschaftlich. 50 Jahre lang haben wir damit gut gelebt, und wir gedenken so fortzufahren bis zu unseren letzten Tagen.

*Es gibt keinen Mann und keine Frau, für die es, wenn sie Selbstachtung besitzen, einen besseren Arzt für ihren eigenen Schutz gibt als ihr eigenes Selbst. Und sich solcher Dinge zu enthalten, die ihnen schaden oder sie verletzen.*

*Andrew Boorde, A Dyetary of Helth, 1542*

*Unsere Gesundheit zu bewahren, ist unleugbar eines der bedeutendsten Geschäfte dieses Lebens. Aber es gibt kaum einen Mann oder eine Frau unter Tausenden, die die Mittel der Bewahrung ihrer eigenen Gesundheit ernsthaft bedenken und sie verfolgen, sondern sie leben entweder aufs Geratewohl oder übernehmen zumindest die verderblichen Vorstellungen aus Gewohnheit und Tradition, deren Ernährungsregeln höchst unpassend und nachteilig sind, deren Medizin die Natur verabscheuen und deren Kunst ein naher Verbündeter der befallenden Krankheit ist.*

*Thomas Tryon, The Good House-wife, 1692*

*Es ist höchst sicher, daß es einfacher ist, die Gesundheit zu bewahren als sie wieder herzustellen und Krankheiten vorzubeugen als sie zu heilen.*

*Dr. George Cheyne, An Essay of Health und Long Life, 1725*

*Wir sollten unseren Körper kräftigen, verschönern und fleißig formen, um fähige Genossen der Seele zu sein, ihnen zu helfen, wie Bäume aufzuwachsen und angenehme und gesunde Objekte der Natur zu sein.*

*Henry David Thoreau, Journal, January 25, 1841*

*Ich bin zuweilen gefragt worden, wie ich eine solche Menge an Arbeit mit einem augenscheinlich so geringen Energieverlust verrichten konnte. Ich schreibe meine Ausdauer einer seit langem befolgten Gewohnheit zu, nämlich daß ich an jedem Tag meines Lebens die einfachsten Gesetze der Gesundheit befolge, und keines ist stärker als das Gesetz der Ernährung. Es ist nicht länger eine Art Selbstverleugnung. Es ist fast zu einem Instinkt geworden. Ich habe das Essen seit langem mit Regelmäßigkeit und im Hinblick auf das, was ich zu tun habe, zu einer solchen Gewohnheit gemacht, daß es nicht mehr ein Subjekt des Denkens ist. Es sorgt fast für sich selbst. Einen Großteil meiner Fähigkeit zu beharrlicher Arbeit schreibe den guten Eßgewohnheiten zu, der ständigen Beachtung der Gesetze des Schlafes, der körperlichen Bewegung und der Heiterkeit.*

*Solon Robinson, Facts for Farmers, 1869*

# Unsere Gesundheit

Wir leben in einer Gesellschaft, die Krankheit als selbstverständlich und Gesundheit als Glück oder Ausnahme betrachtet. Es gibt zigtausend Hausärzte überall in der westlichen Welt, deren Berufsausübung im Verschreiben von Pillen und Drogen besteht. Ärzte (und Zahnärzte) sind Experten für Krankheit. Nur wenige sind Fachleute für Gesundheit.

In früherer Zeit – so wird berichtet – zahlte man Ärzten in China ein regelmäßiges Honorar, solange die Leute gesund blieben. Wenn eine Person krank wurde, wurden die Zahlungen eingestellt, bis sie wieder gesund war.

Im Westen befolgen wir die entgegengesetzte Praxis. Wir bezahlen unsere Ärzte, wenn wir krank werden und fahren damit fort, solange wir krank bleiben. Je länger und ernsthafter eine Krankheit ist, desto länger werden Honorare gezahlt. Das Ergebnis einer solchen Situation ist jedem vernünftigen Wesen klar: Wird der Arzt bezahlt, wenn seine Klienten krank sind, bekommt er um so mehr Honorar, je öfter seine Patienten krank sind. Gleichermaßen gilt: Je länger die Krankheit dauert und je öfter der Arzt gerufen wird, desto größer ist das Einkommen des Arztes.

Ärzte erheben gegen eine solche Argumentation oft Einwände. Aber wirtschaftliche Kräfte sind in jeder Gesellschaft starke Faktoren. Doktoren, Zahnärzte, Apotheker und ihre Familien kaufen ihre Lebensmittel und zahlen ihre Mieten und Steuern von dem Geld, das ihnen von Leuten erbracht wird, die ihre Dienste in Anspruch nehmen.

Wir denken immer wieder an jene feine Dame, die eines Morgens mit einer roten Pustel auf ihrer Wange aufwachte. Sehr beunruhigt rief sie ihren Hausarzt an und vereinbarte einen Termin bei ihm. Der Arzt betrachtete den Fleck sorgfältig und schüttelte zweifelnd den Kopf. »Ist es so ernst, Doktor?« fragte die Dame ängstlich. »Ziemlich ernst, meine Dame«, antwortete der Doktor. »Wenn Sie ein oder zwei Stunden gewartet hätten, wäre der Fleck verschwunden, und ich hätte auf mein Honorar verzichten müssen.« Nicht alle Ärzte sind so offen.

Die Frage »Wer ist Ihr Hausarzt?« gibt zu verstehen, daß man erwartet, krank zu werden und Hilfe zu brauchen; also hält man sich einen Hausarzt. Wer zunächst einmal davon ausgeht, gesund zu sein, braucht keinen Arzt. In diesem Falle ist die Gesundheit selbstverständlich.

Wir lebten in Vermont 19 Jahre lang ohne einen Hausarzt. In Maine leben wir seit mehr als 25 Jahren ohne ständigen medizinischen Rat, weil wir chronisch gesund sind. Kurz: Wir sind gesund, weil wir uns auf eine Weise verhalten, die uns gesund hält.

Ein bekanntes altes Sprichwort besagt: »Übung macht den Meister«. Diesem Rezept folgend müssen jene, die gesund sein wollen, Gesundheit leben. Sie müssen daran arbeiten. Wie bei jeder anderen Aktivität müssen auch in diesem Bereich bestimmte Entscheidungen getroffen werden. Wir entschieden uns, ruhig und einfach zu leben, uns an der frischen Luft zu bewegen, Ruhestunden einzuhalten und uns körperlich nicht übermäßig anzustrengen. Wir entschieden uns, unsere Körper nicht in Turnhallen oder auf Golf- oder Tennisplätzen zu trainieren, sondern eine sinnvolle körperliche Arbeit im Freien auszuüben. Wir entschieden uns, auf dem Land zu leben und nicht in der Stadt, die bestimmt ist von vergifteter Luft, Lärm und Streß. Wir bevorzugen reine, frische Luft und Sonnenschein sowie klares fließendes Wasser. Wir beschlossen, unser eigenes Brennmaterial in unserem Wald zu schneiden, anstatt Ölmultis zu bezahlen. Wir entwerfen und bauen unsere eigenen Gebäude. Wir bauen unsere eigene Nahrung an und bereiten sie nach unseren Vorstellungen zu, anstatt Nahrungsmittel in Supermärkten zu kaufen.

Es gibt zahllose Entscheidungen, die wir jährlich, täglich oder sogar stündlich treffen müssen. Einer unserer älteren Nachbarn kam einmal von einer Operation nach Hause, bei der ihm ein Krebsgeschwür von der Lippe entfernt wurde. Unser Freund war eingefleischter Kettenraucher. Er und der Rest seiner Familie hatten keinen Zweifel daran, daß das Geschwür vom Zigarettenrauchen kam. Nun saß er nach seiner Operation von seiner Familie und Freunden umgeben da, griff nach einer Zigarette, betrachtete sie einen langen Augenblick, nahm ein Streichholz heraus, riß es mit dem Daumennagel an, wie es seine Gewohnheit war und zündete sich seine erste postoperative Zigarette an. Er hatte seine Wahl getroffen. Das Rauchen war ihm wichtiger als seine Gesundheit. Nicht alle Entscheidungen sind einfach und eindeutig.

Wir beide haben schon früh in unserem Leben eine Reihe von Entscheidungen getroffen, die die Gesundheit betreffen. Auch diese Entscheidungen waren nicht leicht gewesen. Durch unsere Entscheidungen, besonders in bezug auf das Essen und Trinken, sonderten wir uns von den Gewohnheiten der Familie, von Freundinnen und Freunden ab. Wir sahen andere Wege in der Lebenshaltung und im Alltag. Unsere jungen Bekannten ließen sich gewöhnlich im Strom der Menge treiben. Es ist so einfach, »ja bitte« zu sagen. Dagegen erfordert es Mut, Wissen und Bestimmtheit, »nein danke« zu sagen, besonders wenn etwas leckeres Eßbares angeboten wird. In unserer Jugend standen wir vor der Entscheidung, mit dem Strom zu schwimmen oder Gewohnheiten zu wählen, die die Gesundheit fördern und bewahren.

Wenn wir sagen, daß wir gesund leben oder daß wir gesund sind, meinen wir damit, daß der Organismus planmäßig und zweckmäßig arbeitet, soweit dies durch sein Funktionieren bewertet werden kann.

Der menschliche Organismus – in körperlicher, emotionaler, geistiger und spiritueller Hinsicht – ist die Summe eines lebendigen und richtig arbeitenden menschlichen Wesens. Dieser menschliche Organismus hat sich mindestens zwei Millionen Jahre lang – möglicherweise noch viel länger – entwickelt, bis er seine jetzige Form auf Erden erreicht hat. In diesem Zeitraum haben die biologischen Auswahlprozesse den menschlichen Organismus sehr vielseitig werden lassen – alle besitzen ungefähr den gleichen generellen Umriß, aber im Hinblick auf Größe, Gestalt und Hautfarbe gibt es Unterschiede.

Menschliche Organismen sind lebendig; sie wachsen und entfalten sich in aufeinanderfolgenden Stadien ihrer Lebensprozesse. Sie erzeugen ihre eigenen Energiemuster und wandeln die Energieaufnahme in jene breite Vielfalt von Funktionen um, über die jedes normale menschliche Wesen in einem komplizierten Zusammenwirken aus Körper, emotionaler Verfassung, Verstand und Geist verfügt.

Wie jeder andere natürliche Prozeß wird die menschliche Energie in einer Anhäufung lebender Zellen ausgedrückt, in Geweben, Organen und Gliedern, die den menschlichen Körper bilden. Dieser Körper ist nicht nur äußerst komplex. Soweit wir das beurteilen können, gibt es auch keine zwei dieser spezialisierten Organismen, die in Gestalt, Struktur oder Funktion identisch sind. Jeder ist einzigartig und lebt seine eigene individuelle Lebensspanne mit eigener individueller Leistung – Organismen können sich ähneln, sind aber niemals identisch.

Die Prozesse, die wir zum gegenwärtigen Zeitpunkt der Menschheitsgeschichte beobachten können, sind in der Vergangenheit unzählige Male wiederholt worden und werden nun in der Gegenwart gelebt bzw. wiederholt. Sie sind ähnlich, aber nicht einheitlich, und jedes Ganze bzw. jede Lebenseinheit besitzt im Laufe von Minuten, Stunden, Tagen, Jahren, Jahrhunderten und Jahrtausenden eine einzigartige Identität. Es wäre ein Fehler, zuviel Nachdruck auf die Mannigfaltigkeit von individuellen Lebenshandlungen, -stadien und -prozessen zu legen. Andererseits ist es unmöglich, den Lebensprozeß zu durchlaufen, ohne seine Vielfältigkeit, Verschiedenheit und Kontinuität zu beachten und zu bewundern.

Wir machen diese Beobachtungen in einem Land, in dem zahlreiche komplexe Maschinen vorhanden und hierfür in aller Fülle und Vielfalt Ersatzteile und sonstiges Zubehör erhältlich sind, beispielsweise für Sämaschinen, Generatoren, Schreibmaschinen oder Pflanz- und Erntemaschinen. Doppelt eindrucksvoll ist daher ein derartig komplizierter, lebendiger Organismus, der zu seiner endlosen Reproduktion fähig ist, sofern er die notwendige Energie und Nahrung erhält. Das Resultat ist dreifach eindrucksvoll, wenn wir bemerken, daß der menschliche Organismus nicht nur in der Lage ist sich fortzupflanzen, sondern daß er dabei analytisch vorgehen und das Produkt während des Prozesses kritisch einschätzen kann.

Wenn ein künstlicher Mechanismus ein benötigtes oder gewünschtes Produkt erzeugen kann, heißt es, daß er richtig arbeitet. Wenn ein Organismus das tun kann, nennen wir ihn gesund. Mit anderen Worten produziert der Organismus dann die Ergebnisse, für die er konstruiert wurde. Durch direkte und indirekte Erfahrung verwandeln wir ein bei seiner Geburt mehr oder weniger hilfloses Kind in einen trainierten, erfahrenen Erwachsenen. Dieser ist fähig, einen oder mehrere der vielfältigen Arbeitsvorgänge zu verrichten, damit ein Kunstwerk, ein Telefonsystem oder eine Hängebrücke entsteht.

Der wichtigste Aspekt bei dieser Betrachtung ist der, daß wir uns des gesamten Prozesses bewußt sind, daß wir wissen, wann und warum wir einen Fehler gemacht haben; dadurch werden wir uns immer sicherer, daß – solange wir die notwendigen Prozeduren befolgen – wir Qualität und Länge unseres Lebens erhalten und verbessern können. Mit anderen Worten, wir können Krankheit und Unwohlsein vermeiden, indem wir Lebensweisen annehmen, mit denen Krankheit vermieden und eine gute Gesundheit erhalten werden kann.

Wir definieren die menschliche Gesundheit als den Zustand von Körper, Gefühl, Verstand und Geist, den alle sich selbst achtenden, menschlichen Wesen anstreben sollten. Wir glauben, daß wir Gesundheit leben bzw. erhalten sollten wie jede andere menschliche Tugend auch. Ein zweiter Gedanke: Gesundheit sollte möglichst auf Platz 1 der Liste mit den höchsten Zielen stehen, die die Menschen anstreben sollten.

Wir sind keine Fachleute auf dem Gebiet der Gesundheit, sondern Laien. Unser Anspruch, für die Gesundheit zu kämpfen, basiert auf vier nennenswerten Faktoren: Erstens sind wir beide gesund und leben seit unserer Jugend gesund. Zweitens sind wir beide nun auch im hohen Alter gesund. Drittens haben und hatten wir keinen Hausarzt. Und viertens sind wir in Organisationen aktiv, die sich für die Gesundheit einsetzen.

Zum Abschluß dieses Kapitels legen wir einige der wesentlichen Aspekte der Erlangung und Erhaltung von Gesundheit dar:

1. Um zu wissen, wie Gesundheit verwirklicht werden kann, sind genügend Wissen und Erfahrung notwendig. Scotts Mutter war Ende des 19. Jahrhunderts mit sechs Kindern, die sie aufzuziehen hatte, ein Gesundheitsfan. Als Hochschulstudenten war Scotts Generation den Lehren von Bernard MacFadden und anderen Gesundheitsenthusiasten dieser Zeit ausgesetzt, die Literatur veröffentlichten, Vorträge und Seminare abhielten, in denen sie das Gesundheitsmuster der bürgerlichen Klasse in Frage stellten. Diese akzeptiere die Krankheit als wesentlichen Zug menschlichen Lebens und erhalte daher einen ausgefeilten Apparat an Institutionen und geschultem Personal, der bezahlt und finanziert werde, um sich um kranke Menschen zu sorgen. Helens Eltern waren Theosophen, die in östlichen Philosophien engagiert waren. Sie ernährten sich vegetarisch und glaubten an heilsame Praktiken.

2. Anstelle der im Grunde negativen Haltung, eine Krankheit zu behandeln, nachdem der Organismus zusammengebrochen ist, befürwortet der gesundheitsbewußte Mensch Verhaltensweisen, die gesund machen und gesund halten. Nach einer solchen Sichtweise ist Krankheit unnormal. Sie sollte durch Praktiken ersetzt werden, die die Gesundheit als Normalzustand herbeiführen und erhalten.

3. Gesundheit sollte daher als wesentliches Merkmal guter Staatsbürgerschaft gelehrt und praktiziert werden. Das bedeutet natürlich, daß Ärzte und andere im Gesundheitsbereich Tätige ihren Patienten durch ihr eigenes Gesundsein und -bleiben ein Beispiel setzen sollten. Diese

Menschen sollten lebende und strahlende Beispiele voller Gesundheit sein nach dem Motto: Arzt, heile dich selbst!

4. Da das menschliche Wesen Brennstoff und Energie durch Nahrung im Körper aufnimmt, sollen »Gesundheitsbewußte« wissen, welche Feststoffe und Flüssigkeiten nötig sind, um die Gesundheit zu erhalten und dafür zu sorgen, daß die Nahrungsaufnahme optimal ist. Die Nahrungsaufnahme sollte richtig ausgewogen sein. Sie sollte frisch und frei von Giften oder schädlichen Substanzen sein. Nahrung sollte ganz und möglichst unbearbeitet sein (Kochen ist eine Form von Verarbeitung). Die Nahrung sollte sowohl in der richtigen Menge als auch in der richtigen Qualität verfügbar sein. Da der Körper durch die Nahrungsaufnahme aufgebaut wird und seine Zellen durch sie ersetzt werden, sollten die Gesundheitsbehörden sorgfältig darauf achten, daß nur die besten Aufbaustoffe an die Bürger geliefert werden, insbesondere an die Kinder von heute, die die Erwachsenen von morgen sein werden.

5. Gesundheit ist nicht nur abhängig von Essen und Trinken. Sonne, frische Luft, reines Wasser und Bewegung sind gleichermaßen bedeutende Elemente der Gesundheit. Ein ausgewogenes, heilsames Leben verlangt eine Einheit mit allen Aspekten der Natur.

6. Gutes Wohnen und eine angemessene Bekleidung sind für die Gesundheit wesentlich, besonders in Klimazonen mit zeitweilig schlechtem Wetter.

7. Spannungen sollten im Interesse der Gesundheit vermieden werden. Dies gilt vor allem für das Leben in der Stadt, wo Menschenmengen, hohe Geschwindigkeiten, Lärm und andere Störungen das menschliche Wohlergehen beeinträchtigen. Wer sich um die eigene Gesundheit kümmern möchte, sollte weise und gesund leben, und zwar sowohl sozial als auch körperlich.

*Niemals verspürte ich ein so starkes Verlangen, ein richtiggehendes Begehren, wie jenes, das ich immer hatte: daß ich schließlich Herr eines kleinen Hauses und eines großen Gartens sein könnte, mit denen ein bescheidener Lebensunterhalt verbunden ist, um dort den Rest meines Lebens ausschließlich der Kultivierung und dem Studium der Natur zu widmen. Und dort würde ich vollständig ohne Absichten, die über meinen Zaun hinausreichen, leben, ohne faule Bequemlichkeit und ohne unwürdige Armut.*

*Abraham Cowley, The Garden, 1666*

*Es muß in der Tat zugestanden werden, daß die Stadt genauso wie das Land ihre Vergnügungen hat. Aber wie verlockend auch immer die Vergnügungen der Stadt uns scheinen mögen, während Gesundheit und Kraft und die Freuden der Jugend dauern, beherrschen doch Mißgunst, Bosheit und Falschheit die geschäftigsten Teile der Welt und haben das Bestreben, all diese Freuden zu verderben. (...) So lange die Welt dauert, werden Vergnügen und Unterhaltung, wie sie das Gärtnern und die Landwirtschaft bieten, das Trachten des weisen Mannes sein.*

*John Laurence, A New System of Agriculture, 1726*

*Unser Leben ist ein geschäftiger Kreis einer großen Vielfalt von Beschäftigungen. Alle zielen auf Gesundheit und Fröhlichkeit ab. Wir stehen jeden Tag mit der Sonne auf, und in der Kühle des Morgens beschäftigen wir uns mit Tätigkeiten, die Kraft erfordern. Der Garten erfordert viel von unserer Zeit. Am Nachmittag lesen und arbeiten wir. Am Abend gehe ich an meine Werkzeuge und arbeite weiter – hacken, graben, Holz hacken für den Winter oder irgendeine Arbeit der Jahreszeit, die gerade anfällt. So ist im allgemeinen der Ablauf des Tages... Unsere glückliche kleine Farm gibt uns eine beständige Unterhaltung in höchst vernünftiger und angenehmer Art und Weise.*

*Arthur Young, The Adventures of Emmera, 1767*

*Die Landbewohner sind im allgemeinen sehr glückliche Menschen. Sie genießen viele der Lebensnotwendigkeiten auf ihrem Hof, und was sie nicht selbst produzieren, kaufen sie von dem Überschuß ihrer Produkte. Es ist bemerkenswert, eine solche Anzahl von Menschen zu sehen, die in großer Behaglichkeit und Zufriedenheit leben und alle Dinge besitzen, die für das Leben notwendig sind – aber nur wenig Luxus.*

*Anonym, American Husbandry, 1775*

# Eine sinnvolle Lebensweise

Wie viele Menschen überall auf der Welt sind wir auf der Suche nach einem guten Leben – einer schlichten, ausgeglichenen, befriedigenden Lebensweise. Wie andere wollen auch wir dazu beitragen, daß der Planet für die folgenden Generationen von Menschen und auch für die vielen anderen Lebensformen, die auf Mutter Erde und in ihren Gewässern heimisch sind, eine Lebensgrundlage bieten kann.

Lebensnotwendige Bedürfnisse für ein gutes Leben sind ausreichend Nahrung und ein Dach über dem Kopf. Über diese grundlegenden Notwendigkeiten hinaus gibt es Annehmlichkeiten wie Ausbildung, Erholung und Reisen, die das Leben für Individuen und kleine Gruppen oder Familien befriedigender und lohnender machen.

Unsere Liste mit Bestandteilen des guten Lebens beginnt mit unserem vier-vier-vier-Grundsatz: vier Stunden Broterwerb, vier Stunden professionelles Arbeiten und vier Stunden, die der Verpflichtung und Verantwortung als Mitglieder der menschlichen Gesellschaft gewidmet sind sowie der Teilnahme an verschiedenen lokalen, regionalen, nationalen und internationalen Aktivitäten.

Der Broterwerb schafft die Grundlage für ein normales, gesundes und verdienstvolles Leben. Die Arbeit der Welt muß geleistet werden, und wir alle sollten daran teilnehmen. Professionelles Arbeiten ermöglicht es uns, unseren Beitrag zur gesamten Summe der weltweit vorhandenen Fähigkeiten und Fertigkeiten zu leisten. Durch Zusammenschluß können wir Erfahrung und Wissen mit unseren Mitmenschen teilen.

Die vier-vier-vier-Regel sollte sowohl individuell als auch generell gelten. Wir alle, ob reich oder arm, jung oder alt, können etwas zur Erledigung der weltweiten Arbeit beitragen. Broterwerb kann und sollte von jedem körperlich hierzu fähigen Menschen im Alter von 7 bis 77 (obwohl Scott mit 95 Jahren noch immer seine Last mitträgt) ausgeübt werden. Broterwerb sollte ein verpflichtender und ehrenvoller Teil der täglichen Routine sein, in der jeder einen aktiven Teil als Selbstverständlichkeit übernehmen kann. Dieser tägliche Beitrag zur weltweiten Arbeit wird eine kraftvolle, sich selbst tragende Gesellschaft fördern.

Die persönlichen Interessen und Fähigkeiten eines jeden menschlichen Wesens sind ein weiterer Beitrag, der Erfindungen und künstlerische Werke hervorbringt, von denen auch die Gesellschaft als Ganzes Nutzen ziehen wird.

Politische Verantwortlichkeiten und Aktivitäten, die von allen Erwachsenen übernommen werden, nutzen der ganzen Gesellschaft und führen die Menschen zusammen, indem ihre gemeinsamen Interessen im Hinblick auf Überleben und Wohlergehen sichtbar werden.

Wenn wir wollen, daß Dinge getan werden, müssen wir bereit sein, sie zu tun. Dieses Prinzip läßt sich auf das Leben des Individuums anwenden. Es ist noch dringlicher, wenn Fragen von Gruppeninteresse zur Entscheidung anstehen. Wer bedient werden möchte, muß sich selbst dienen – sowohl individuell als auch kollektiv.

Für uns westliche Menschen im gegenwärtigen Jahrhundert bedarf dieses Prinzip der doppelten Unterstreichung, da wir in unserer unmittelbaren Vergangenheit das Individuelle zum Nachteil der Gruppe überbetont haben. Gruppen sind größer, zahlreicher und komplexer geworden. Sich verdoppelnde Bevölkerungen wenden die Aufmerksamkeit automatisch vom Individuellen zur Gruppenaktivität. Steigende Größe, verbunden mit wachsender Komplexität und gegenseitiger Abhängigkeit, müssen das Individuelle abwerten und die Belange der Gruppe aufwerten.

Seit der Mexikanischen Revolution 1910, der Russischen Revolution 1917, den Revolutionen in Osteuropa, Asien und Afrika, die auf den Ersten und den Zweiten Weltkrieg folgten, sowie nach der Umwälzung in China, die schon 1899 begann, hat ein Drittel der Menschheit eine Bewegung der kollektiven sozialistisch-kommunistischen Aktion in Gang gebracht, die das Gruppenwohl über individuelle Interessen stellt. Bis zu diesem Punkt der gesellschaftlichen Evolution war der weltweite Kampf um ein besseres Leben von Vorstellungen aus dem 18. Jahrhundert geprägt, wonach die Freiheit und die Suche nach Glück im Vordergrund standen. Die sozialistisch-kommunistischen Revolutionen des gegenwärtigen Jahrhunderts ordnen das individuelle Glück der Bourgeoisie dem Wohlergehen der gesamten Gruppe unter. Angesichts wachsender soziologischer Herausforderungen betonen wir im Westen jedoch weiterhin den Wahlspruch des 18. Jahrhunderts in bezug auf Freiheit, Unabhängigkeit und Selbstbestimmung.

Über Jahre hinweg haben Autor und Autorin dieses Buches immer wieder beobachtet, wie Individuen und gesellschaftliche Gruppen beharrliche Anstrengungen unternahmen, die natürliche Umwelt zu schützen und zu bewahren. Es gibt ungeheuer große Gebiete in den sozialistischen Ländern, in Skandinavien und in anderen Teilen Europas, wo die Bewahrung der Natur erste Priorität besitzt. Dies ist ein Aspekt von politischer Verantwortlichkeit, der viel allgemeiner in den Vordergrund rücken sollte.

Das Wesen des Lebens besteht im Leben selbst. Robert Louis Stevenson meint dazu: »Voller Hoffnung zu reisen, ist besser als anzukommen, und der wahre Erfolg liegt in der Arbeit selbst.«

Von frühester Kindheit bis zu den letzten unsicheren Schritten im Alter bekommen jene, die dem Leben am meisten geben, auch am meisten vom Leben zurück. Die Theorie leitet, die Praxis bestimmt. Die Vereinigung von Theorie und Praxis schafft einen höheren Grad an Zuversicht und ergibt eine verläßliche Sammlung von Wegweisern für individuelles und gruppenorientiertes Leben.

Muskeln werden durch Training stark. Die Muskeln eines Beobachters werden schlapp und schrumpfen. Diese Regel ist auf die körperliche Verfassung und auch auf die gesellschaftlichen Handlungen anwendbar.

Wir haben uns persönlich mit unserem gesamten Wagnis des Landlebens bemüht, sowohl unsere gesellschaftlichen als auch unsere körperlichen Muskeln in Form zu halten. Wir versuchten, als Paar und so weit wir konnten in Gruppen ein Lebensmuster aufzubauen und fortzuführen, um Gesundheit und Wohlbefinden in einer Zeit von sozialer Unsicherheit, Konflikten, Spaltung und Zerstörung zu erhalten.

Wir begannen mit dem »alternativen Leben« vor fast einem halben Jahrhundert, im Jahre 1932. Wir waren nicht jung, aber wir waren abenteuerlustig. Unsere ersten Schritte waren vorsichtig. Als wir vorwärts gingen, wurde unser Denken klarer und sicherer, und wir wußten, daß die Richtung, der wir folgten, für uns die richtige war.

Wir probierten eine neue Lebensweise aus, die zwar nicht in der Geschichte, wohl aber in unserer Generation neu war. Wir verließen die Stadt mit ihrer zivilisierten Glätte und düsteren Armut und lebten ein einfacheres, genügsameres Leben auf dem Land.

Unser generelles Ziel bestand darin, eine selbstversorgende Wirtschaft für uns zu errichten, die von der etablierten Marktwirtschaft unabhängig war und zum größten Teil von uns selbst kontrolliert wurde, wodurch wir uns von der Abhängigkeit vom Establishment befreiten.

Wir wollten uns so mit den ökonomischen Mitteln versorgen, daß wenigstens ein Drittel unserer Zeit und Energie frei blieb, um unsere professionelle Arbeit und unsere Interessen für die Verbesserung der gesellschaftlichen Umwelt weiterzugeben.

Wir haben uns mehr als vier Jahrzehnte lang mit dem Lebensnotwendigen versorgt, im Tausch für einen hinreichenden Beitrag an Planung, Beharrlichkeit und harter Arbeit.

Wir waren in der Lage, unser Schreiben und unsere Forschung fortzuführen. Scott hat sechs Bücher geschrieben, seit er die Stadt verließ, und nur eines davon wurde auf dem üblichen Wege publiziert. Sechs weitere Bücher schrieb er zusammen mit Helen. Sie hat ihr lebenslanges Interesse an der Musik beibehalten und erwarb weitere Fertigkeiten als Sekretärin, Herausgeberin, Schriftstellerin und Bauarbeiterin.

In über 40 Jahren des Landlebens haben wir alte Ideen und Praktiken neu belebt und unsere eigenen ausprobiert. Niemals haben wir uns einen Moment zurückgelehnt und gesagt: »Fertig, wir haben alles gelernt, was es über das Leben in Selbstversorgung zu wissen gibt. Wir sind angekommen.«

Im Gegenteil, je länger wir unserem Broterwerb, unserer beruflichen und unserer politischen Arbeit nachgingen, desto eher erkannten wir, daß wir nur die Oberfläche des Lebens angekratzt hatten. Es gibt so viel mehr zu erfahren, zu tun und zu lernen, daß nur viele weitere Leben uns Zeit und Gelegenheit geben können, alles zu vollenden, was wir zu tun hoffen.

Wir haben unser Bestes getan, um zum Wissen und den Möglichkeiten des Landlebens in Neu-England vier Jahrzehnte lang beizutragen.

In unserem eigenen Heim waren wir in der Lage, eine bedeutende Anzahl junger Leute in die Möglichkeit einzuweihen, einen Weg des genügsameren Lebens zu lernen. Wir halfen ihnen, eine Lebensweise zu beginnen, die befriedigender ist als jene der durchschnittlichen jungen Leute in Amerika.

Durch Bücher, Vorträge, Seminare und andere Mittel, die Öffentlichkeit zu erreichen, haben wir versucht zu zeigen, was von »alten« Leuten alles erreicht werden kann.

Wir haben bewiesen, daß zusammen mit den Bemühungen, einfach und gesund zu leben, ein gewisses Maß an Gesundheit und Kraft aufrechterhalten werden kann.

Wir haben getan, was wir konnten, um die natürliche Umgebung zu bewahren und zu verbessern und um ihre Möglichkeiten für den gesellschaftlichen Fortschritt verfügbar zu machen.

Alle menschlichen Wesen sind schon früh in ihrem Leben von dem Wunsch und dem Willen besessen, ein befriedigendes und sinnvolles Leben zu führen. Im fortgeschrittenen Alter fragen wir noch immer; wir forschen, suchen und arbeiten und möchten ein lohnenderes und kreativeres Leben aufbauen. Für jene, die derart gesinnt und gewillt sind, haben wir dieses Buch geschrieben.

Wenn wir Menschen geholfen haben, einen befriedigenderen Lebensstil als den des durchschnittlichen westlichen Menschen zu beginnen, so haben sie dafür meßbar zum Aufbau unseres eigenen Lebens beigetragen. Sie haben uns beim Gärtnern und beim Bauen geholfen. Im Austausch für Einsichten, Erfahrungen und Fertigkeiten haben sie bei unseren vereinten Anstrengungen mitgewirkt. Wir danken ihnen allen und grüßen sie, indem wir unseren eigenen bunten Weg voller produktiver und kreativer Bestrebungen vorwärtsgehen.

# The Good Life Center
# Harborside, Maine

Nach ihrem Tod im Jahre 1995 überließ Helen Nearing ihr Grundstück dem *Trust for Public Land* (TPL), einer nationalen gemeinnützigen Organisation in den USA, die es sich zur Aufgabe gemacht hat, Land für die Allgemeinheit zu erhalten. TPL wird die *Forest Farm* und das geistige Eigentum der Nearings so lange verwalten, bis eine neue gemeinnützige Organisation, das *Good Life Center*, sich in der Lage sieht, unabhängig zu wirtschaften.

Das *Good Life Center* wird das Vermächtnis der Nearings weiterführen. Hier soll weiterhin vermittelt werden, wie ein Leben geführt werden kann, bei dem die Werte einfaches Leben, ökologischer Respekt und soziale Gerechtigkeit eine tragende Rolle spielen. Mit Lehrprogrammen, Veröffentlichungen und der Aufrechterhaltung der *Forest Farm* als ein Ort der Inspiration möchte das *Good Life Center* andere dazu ermutigen, ihre eigenen Versionen des »guten Lebens« zu verwirklichen, um eine gerechte und dauerhafte Gesellschaft aufzubauen.

Nähere Informationen beim
*Trust for Public Land*:

| | |
|---|---|
| Telefon (von Deutschland): | 001-617-367 6200 |
| Fax (von Deutschland): | 001-617-367 1616 |

Oder schreiben Sie an:
*The Good Life Center*
Box 11
Harborside, ME 04642
USA

# Ein guter Anfang

Im Amerika der Dreißiger Jahre gab es keinen Platz für Menschen wie Helen und Scott Nearing. Anstatt sich mit dem Zustand der Welt abzufinden und den nahenden Zweiten Weltkrieg als notwendiges Übel hinzunehmen, setzten sie sich engagiert und vehement für eine Welt ohne Kriege, Ausbeutung und Kinderarbeit ein. 1932, auf dem Höhepunkt der Weltwirtschaftskrise, beschlossen Helen und Scott, ihre Vorstellungen vom »guten Leben« in die Praxis umzusetzen, und zogen in die Berge von Vermont.

In diesem Buch beschreiben sie ihre Erfahrungen mit der Selbstversorgung und dem Leben auf dem Land. Nicht immer ging alles glatt, nicht immer konnten sämtliche Schwierigkeiten ausgeräumt werden. Aber am Ende ist die Bilanz ganz klar: Keine andere Art zu leben hätte Helen und Scott so viel Zufriedenheit, so viel Gesundheit und so viel Kraft gegeben. Ein mutmachendes Buch für alle, die selbst auf der Suche nach Alternativen sind.

**Helen und Scott Nearing:**
**Ein gutes Leben leben**
**Die ersten 20 Jahre in Vermont**
**1932 – 1952**
**192 Seiten, ISBN: 3-89566-115-5**

*»1932 zog er sich gemeinsam mit der Musikerin Helen Knothe, die später seine zweite Frau wurde, aus der Gesellschaft, an der er sich wundgerieben hatte, zurück auf eine Farm in den damals noch einsamen Bergen Vermonts. Dort praktizierten sie das, was sie in ihrem Buch »Ein gutes Leben leben« propagierten – ein Leben von und für die Erde. Als strikte Selbstversorger wurden die Nearings so zu Leitbildern mehr und mehr zivilisationsmüder Amerikaner, die es ›Zurück zum Land‹ zog.«*

*Der Spiegel, 5. September 1983*

# Ein würdiger Abschied

**Helen Nearing:**
**Ein gutes Leben –**
**ein würdiger Abschied**
**Mein Leben mit Scott**
**224 Seiten, ISBN: 3-89566-113-9**

Mehr als ein halbes Jahrhundert haben Helen und Scott Nearing miteinander gelebt. Sie hatten eine feste Vorstellung vom »guten Leben« – Selbstversorgung in einer natürlichen Umgebung fernab der hektischen Städte – und setzten ihre Ideen auch konsequent in die Praxis um. Ihre *Forest Farm* in Vermont und später in Maine zog über die Jahre hinweg Tausende von Menschen an.

Im Alter von 88 Jahren schrieb Helen ihre gemeinsame Geschichte auf. Herausgekommen ist ein Buch, das vom guten Leben, aber auch vom guten Tod handelt: Denn kurz vor seinem 100. Geburtstag fand Scott, daß es nun an der Zeit war, sich auf den Tod vorzubereiten. Er entschied sich zu fasten und nahm danach nie mehr einen Bissen fester Nahrung zu sich. Sechs Wochen später verabschiedete er sich von Helen, die ihn auch bei diesem, seinem letzten Schritt begleitete.

*»Eine wunderbare Liebesgeschichte – geschrieben von einer bemerkenswerten Frau über ihren kompromißlosen, intellektuellen und radikalen Ehemann, der genau das tat, was er predigte, und der für Tausende von Menschen Beispiele setzte.«*

*Elisabeth Kübler-Ross*

# Andere Bücher von Helen und Scott Nearing

Scott Nearing:
**Ein Leben gegen den Strom**

Die Autobiographie von Scott Nearing ist die Geschichte eines Aussteigers mit einem bewegten Leben. Gleichzeitig ist sie die Geschichte der letzten 100 Jahre der USA, von den letzten Indianerkriegen bis zum Aufstieg der Nation zur atomaren Supermacht.

232 Seiten, ISBN: 3-923176-08-2

Helen Nearing:
**Bilderbuch des guten Lebens**

Über fünfzig Jahre lang lebten Helen und Scott Nearing ihr »gutes Leben«: Sie bauten die Häuser, in denen sie wohnten, selbst und versorgten sich aus dem eigenen Garten. Dies ist ihr »Familienalbum« – das Leben der Nearings in Bildern, von 1883 bis 1973.

128 Seiten, ISBN: 3-923176-16-3